»Ich glaub, ich bin JETZT WARM genug angezogen«

JAN ABELE

»Ich glaub, ich bin JETZT WARM genug angezogen«

Warum wir (meistens) am besten wissen, was gut für unsere Kinder ist

Eden BOOKS

Für Milena und Mattis

Inhalt

1. Ist das noch Liebe, oder helikoptere ich schon?

Oder: Warum dieses Buch geschrieben werden musste

Ich stehe in der Nähe eines typischen Klettergerüstes aus der Spielplatz-Bootcamp-Ära der Siebzigerjahre (scharfes Metallgestrüpp, darunter scharfkantiger, steinharter Waschbeton) und beobachte angestrengt, wie mein Sohn immer wieder das Gleichgewicht zu verlieren droht. Ich spüre, wie mein Körper zuckt, weil er hineilen möchte, um da zu sein, wenn mein Sohn fällt. Damit ich ihn auffangen kann und er sich nichts Schlimmeres zuzieht als einen ordentlichen Schreck. Der Fuß meines Sohnes rutscht ab, mein Herz bleibt einen Augenblick lang stehen, mein Sohn fängt sich. Wieder zuckt mein Körper, doch erneut unterdrücke ich den Impuls und bleibe betont gelassen gut fünf Meter entfernt stehen. In diesem Moment verschätzt sich mein Sohn, greift daneben und stürzt ab. Sein Kopf prallt auf den Boden, er schreit. Während ich zu ihm hinhechte, ihn in den Arm nehme und tröste, weil ihm ein übles Horn auf der Stirn wächst, schäme ich mich und fühle mich wie der schlechteste Papa der Welt.

Was ist passiert?

Gehen wir einen Schritt zurück.

Seit einiger Zeit kann man in Deutschland ein Phänomen beobachten, für das es keinen adäquaten Begriff gibt (dazu ist es zu neu) und das ich mal etwas polemisch als »Eltern-Bashing« bezeichnen möchte. Nicht nur auf *Spiegel Online* oder den Wissensseiten der *Süddeutschen Zeitung*, sondern auch in den vielen gleichlautenden Erziehungsratgebern, die die Regale deutscher Buchhandlungen füllen und die Bestsellerlisten anführen, liest man seitenlang über die Fehler, die heutige Eltern in der Erziehung angeblich machen. Regelmäßig ist von einer Überfütterung an elterlicher Fürsorge die Rede, die als die größte Gefahr für den Fortbestand der deutschen Gesellschaft ausgemacht wird, von einem als Liebe getarnten Würgegriff. Laut der gängigen Meinung setzen heutige Eltern keine Grenzen mehr, nehmen ihren Kindern dadurch die Orientierungsmöglichkeiten und schaffen es gleichzeitig, den Nachwuchs durch ihre angstgeleitete Überfürsorge so einzuengen, dass er am Ende zum kleinen Egomonster wird, komplett verzogen und lebensunfähig. Der gleichlautende Vorwurf: Die Eltern des 21. Jahrhunderts rauben ihren Kindern die Chance, eigene Erfahrungen zu sammeln und halten sie davon ab, sich artgerecht zu entwickeln.

Irgendwann tauchte der Begriff der »Helikopter-Eltern« auf, der Mütter und Väter bezeichnet, die in einer Mischung aus übertriebener Zuwendung und Angst um ihre Kinder in besonders absurden Bahnen um sie herumschwirren. Es gibt mittlerweile gefühlt zigtausend Bücher, in denen solche Fälle von beinahe hysterischen Eltern geschildert werden, die ihren Kindern Peilsender in die Unterhosen nähen, nicht mehr schlafen können, wenn in der

Grundschule die Eins in Chinesisch wackelt, oder die ohnmächtig zusammenbrechen, weil Melitta oder Kaspar oder Cassian (klar, so heißen Helikopter-Kinder) versehentlich in die Nähe einer Tasse Milch geraten sind, die nicht nachweislich nachts bei Mondschein auf einem Demeterhof aus dem Euter kam. Diese Eltern nerven ihr Umfeld mit übergriffigen Forderungen (der Lehrer soll bitte dafür sorgen, dass das Kind je nach Außentemperatur den entsprechenden Pullover trägt; auf dem Kindergeburtstag der Freundin darf bitte nix Süßes verteilt werden) und schaden ihren Kindern nachhaltig.

Ich kenne wirklich viele Eltern, und alle sind auf ihre Art verschieden; es gibt lässige, es gibt ängstliche, es gibt laute, es gibt arrogante, es gibt viel zu nette (denn natürlich: Wenn ein Kind einem anderen Kind die Metallschaufel über den Kopf zieht, sollte der Erziehungsberechtigte eingreifen und die aus welcher Motivation heraus auch immer ausgeführte Attacke nicht mit »Ach, das hat er/sie doch nicht böse gemeint« abtun, obwohl Blut aus der Platzwunde schießt. Wobei ich bezweifle, dass so was tatsächlich so gehäuft vorkommt, wie im gängigen Vorwurf behauptet wird. – Dazu gleich mehr.), und es gibt auch ein paar doofe Eltern. Aber nie habe ich Eltern erlebt, die wirklich so bekloppt sind, wie sie in »Wir-lachen-über-Helikopter-Eltern«-Büchern und -Blogs vorkommen.

Das Problem an diesen Karikaturen ist, dass sie a) letztlich nur befeuern, was der gesellschaftliche Mainstream über Eltern zu denken hat, und b) dass sich eben dieser Mainstream davon provoziert fühlt (was wiederum gut belegt, dass besonders fürsorgliche Eltern anderen ein schlechtes Gewissen zu bereiten scheinen, ähnlich wie Vegetarier sich regelmäßig rechtfertigen müssen, als wäre ihre Ernährungsweise nur dem Ziel entsprungen, Fleischesser als schlechtere Menschen dastehen zu lassen). Helikopter-Eltern sind ein Mythos, ein gern genommenes Totschlagargument, wenn es darum geht zu zeigen, was Eltern heute angeblich alles falsch machen, so wie man die Uhr danach stellen kann, dass bald die nächste »Generation XYZ« gebrandmarkt wird als wie auch immer orientiert und konditioniert. Das Gefährliche daran ist, dass die Helikopter-Debatte das Verhältnis von Eltern zu Kindern beeinflusst, ohne dass es den Vätern und Müttern bewusst ist. Ich jedenfalls frage mich aufgrund der absurden Debatten oft: Ist das noch Liebe oder helikoptere ich schon? Und sicher bin ich nicht der Einzige.

Kommen wir noch mal zurück auf die Spielplatzszene zu Beginn.

Mein Sohn hängt an einem in die Jahre gekommenen Klettergerüst, an dem es viele Verletzungsmöglichkeiten gibt, falls er runterfällt. Mein Körper signalisiert mir sehr deutlich, dass ich eigentlich am liebsten neben und unter meinem Sohn stehen würde, um ihn im Falle des Falles vor Knochenbrüchen, Platzwunden und einer Gehirnerschütterung zu bewahren. Trotzdem bleibe ich in deutlicher Entfernung stehen. Warum?

Damit es keinesfalls so aussieht, als würde ich helikoptermäßig über meinen Sohn wachen, weil ich kein Vertrauen in seine Fähigkeiten besitze. Dadurch würde ich ihn – nach Anti-Helikopter-Meinung – verunsichern und den von mir befürchteten Unfall selbst erst provozieren. Äußerlich bleibe ich also ein vorbildlicher moderner Papa voller Zutrauen in das Klettergeschick meines Sohnes, während ich im Inneren mit der kaum auszuhaltenden Panik kämpfe, er werde gleich kopfüber zu Boden segeln. Aber: Bloß nicht in seine Nähe kommen! Er könnte sich plötzlich einer Gefahr bewusst werden, die er vorher nicht gesehen hat, Angst bekommen und augenblicklich panisch das Gerüst loslassen. Dass mein Sohn sich eher sicherer fühlt, wenn ich dicht bei ihm stehe, und sich sogar Sachen traut, die er sonst nie probieren würde, übersieht die Helikopter-Debatte. Und auch ich zweifele plötzlich daran. Kann doch sein, dass ich mich irre, oder? Was weiß denn schon ein Vater?

Ich war verunsichert, und als mein Sohn Augenblicke später weinend in meinem Arm lag, schämte ich mich, weil ich mich tatsächlich mehr um mein öffentliches Bild gesorgt hatte als um mein fünfjähriges Kind.

An dieser Stelle möchte ich dem Helikopter-Vorwurf folgende Behauptung entgegenstellen: Nie gab es eine Elterngeneration, die fürsorglicher und achtsamer mit ihren Kindern umging, als wir das heute praktizieren. Unsere Kinder stehen im Mittelpunkt unseres Lebens, und ich behaupte, dass es an diesem Punkt nichts gibt, das ihnen schadet. Im Gegenteil: Die Art und Weise, wie wir unseren Kindern begegnen, wird dafür sorgen, dass sie zu achtsamen und verantwortungsbewussten Menschen heranwachsen. Und viel schädlicher als unsere vermeintliche Überbehütung ist die Diskussion darüber.

Eine Auswahl: Im Juni 2018 war im Deutschlandfunk ein Gespräch mit dem Pädagogen Herbert Renz-Polster mit »Zuviel Fürsorge schadet Kindern« überschrieben. Und

Josef Kraus, immerhin Präsident des Deutschen Lehrerverbandes, warnt auf vielen Kanälen regelmäßig vor gluckenden Eltern und gibt in seinem Buch *Helikopter-Eltern. Schluss mit Förderwahn und Verwöhnung* zu, dass zwar nur ein Sechstel aller Elternpaare überfürsorglich sei (wo werden eigentlich solche Zahlen ermittelt?), die Mehrheit sich also »vernünftig« verhalte – der Schaden an der Allgemeinheit durch verhelikopterte Heranwachsende jedoch immens sei. Eine steile These, die einem verantwortungsbewussten, extrem fürsorglichen, aber eben auch sehr selbstkritischen Vater wie mir allerdings nicht die Frage beantwortet, ab wann aus vernünftiger Vorsicht unvernünftige Überbehütung wird und man in das verschriene Sechstel abdriftet. Im Gegenteil – solche Behauptungen säen Zweifel und führen zu unnötigen Beulen wie im Fall meines Sohnes.

Heute herrscht der weitverbreitete Konsens, dass man Kinder nicht schlägt. Die Grenze ist klar gezogen, da gibt es keine Missverständnisse; aber wo aus einer liebevollen Erziehung eine zu liebevolle wird, darüber gibt es keine Klarheit. Wie auch? Es kann gar keine geben, denn jedes Eltern-Kind-Verhältnis ist so individuell, dass Aussagen darüber totaler Quatsch sind. Sie beeinflussen einen jedoch, und da beginnt das Problem. Manche Kinder brauchen ganz viel Nähe, Zärtlichkeit, Unterstützung, andere eben nicht. Wie viel Zuwendung ein Kind braucht, entscheiden wir Eltern, und wir haben eine natürliche Befähigung dazu. Wer heute aber eines der monströs großen Regale mit Pädagogikliteratur in einer durchschnittlichen Systembuchhandlung betrachtet, könnte zu einer anderen Überzeugung gelangen; zum Beispiel, dass heutige Eltern nach der Geburt zwar mindestens um ein Kind reicher sind, jedoch auch um zwei Gehirne ärmer.

Wer in Biologie gut aufgepasst hat, der weiß, dass die Natur Menschen, die gerade Eltern geworden sind, mit einigen temporären Zusatzskills ausstattet. So wie das in Videospielen funktioniert, wenn der Held per Zaubertrank ein paar Punkte extra auf Stärke, Konstitution und Ausdauer bekommt. Und sollte das in den seltensten Fällen mal nicht greifen, dann gibt es noch den Airbag Kindchenschema. Die immer gültige Gleichung, dass rund und süß in unserem Gehirn den Bitte-sofort-kümmern-Reflex auslöst. Eltern sind von Natur aus kompetent; diese vielleicht banalste Information seit »Der Ball ist rund« muss hier einmal ausgesprochen werden, denn die Gesellschaft des 21. Jahrhunderts hat sie längst verdrängt – und das gilt leider nicht nur für die Experten, sondern auch für viele junge Eltern selbst. Deshalb lesen sie einen aktuellen Ratgeber nach dem anderen, der ihnen jeweils etwas anderes erzählt, dabei aber konsequent signalisiert, dass Eltern ohne Ratgeberliteratur heutzutage unfähig seien, ein Kind großzuziehen.

Es gibt also eine Menge Vorwürfe, die wir uns anhören müssen; wir tanzen um unser Kind herum, wir gängeln es durch zu viel Aufmerksamkeit, wir rollen ihm jede Glasmarmel aus dem Weg. Der ärgerlichste Vorwurf bei alldem lautet, dass wir unseren Kindern gegenüber als Partner auftreten, nicht als Autoritätspersonen. Das sei gefährlich für die spätere Entwicklung des Nachwuchses, weil die wichtige Phase der Abgrenzung praktisch nicht stattfinde.

»Warum Eltern nicht die besten Freunde ihrer Kinder sein sollten«, erklärt eine Erziehungsexpertin auf elternwissen.de und spricht, wie so häufig in solchen Fällen, von einer »schmalen Gratwanderung«, wenn es darum geht, Kindern Autorität entgegenzubringen, aber bitte schön dabei Liebe und Zuneigung nicht zu unterdrücken.

Genau da beginnt der Punkt der Verunsicherung, die in die Intimsphäre meines Kindes und mir hineinwirkt. Denn woran bitte soll ich erkennen, dass ich noch auf dem Grat wandere und nicht schon längst in das ein oder andere Extrem abgerutscht bin? Der Vorwurf steht wie ein rosa Elefant im Raum. Mein Sohn sitzt heulend auf meinem Schoß, er hat blöden Mist gebaut, aber er ist auch hilflos und klammert sich an mir fest. Sollte jetzt nicht der fällige Moment der Abgrenzung beginnen, müsste man jetzt nicht bestrafen, damit er den blöden Mist kein zweites Mal baut? Innerlich aber will ich mich gar nicht abgrenzen, sondern viel lieber nach Verbindung suchen. Was tun?

Ein Ratgeber hätte nun die »richtige« Lösung parat, doch die Entscheidung, wie ich mit dem Fehlverhalten meines Sohnes umgehe, ist eine ganz individuelle und persönliche Entscheidung, die nur aus dem Moment heraus getroffen werden kann. Und manchmal gibt es eben nur falsche und weniger falsche Lösungen. Trotzdem habe ich mich selbst dabei erlebt, wie ich in diesem Moment überlegte, nicht meinem Herzen zu folgen, sondern Jesper Juul, der in einem Zeitungsinterview klare Grenzen fordert, weil sonst – etwas zugespitzt – chronische Weinerlichkeit bis hin zur Lebensunfähigkeit drohe. Ich zog also plötzlich eine Grenze, indem ich energische Worte sprach und meinen Sohn durch eine finstere Miene wissen ließ, was ich von seinem Verhalten hielt. Er weinte umso heftiger und begriff gar nichts mehr – weil ich sonst anders reagiere.

Ich bin der Meinung: Wenn mein Sohn schon selbst weint, weil er Mist gebaut hat, muss ich ihn nicht noch zusätzlich bestrafen. Dennoch hatte ich zugelassen, dass jemand in einer entscheidenden Situation zwischen uns trat und mich auch weiterhin begleitet, weil ich tatsächlich nicht frei bin von der Sorge, zu lieb und zu nachsichtig mit meinem Kind zu sein. Und in meinem Kopf schwirren permanent Fragen herum wie: Mache ich etwas falsch, wenn ich meinen Sohn nach seiner Meinung frage und ihn in Entscheidungen einbeziehe? Mache ich etwas falsch, wenn mein Sohn sehr oft Ja und eher selten Nein zu hören bekommt, wenn er etwas haben möchte? Mache ich etwas falsch, wenn ich, so oft es möglich ist, bei ihm bin, ihn an die Hand nehme oder ihn stundenlang huckepack durch die Straßen trage?

In einer Analyse über das heutige Eltern-Kind-Verhältnis zitierte die Konrad-Adenauer-Stiftung spürbar beunruhigt die Shell-Jugendstudie 2017, in der neunzig Prozent der befragten Jugendlichen angaben, ein gutes Verhältnis zu ihren Eltern zu haben.[1] Gibt es wirklich keine größere Gefahr für unser Land als generationsübergreifende Harmonie? Die Konrad-Adenauer-Stiftung kommentiert das Ergebnis der Erhebung mit Erstaunen und vermutet, dass die Befragung vor fünfzig Jahren wohl zu einem umgekehrten Ergebnis gekommen wäre.

Frage: Wäre das damals ein Grund zur Freude gewesen?

Ich kenne eine Menge Menschen, die in den Fünfziger- und Sechzigerjahren groß geworden sind, und ich erinnere mich nicht daran, dass auch nur einer mir mal erzählt hat, wie dufte und ungemein charakterfestigend es für ihn gewesen sei, vom

Vater angebrüllt und vor die Tür gesetzt worden zu sein, weil er etwas nach Hause brachte, das so oder so falsch war, ob das nun Musik, Frisur oder die Freunde waren, um mal die typischen Konfliktfelder aus der Empathiesteinzeit zu benennen.

Heutige Eltern, die keine existenziellen Konflikte mit ihren eigenen Eltern durchmachen mussten, werden durch den ganzen Blödsinn, der einen in Form von Büchern, Jugendstudien oder Talkshowgästen bevormundet, auf ihren prekären Reifeprozess hingewiesen, verunsichert und manchmal sogar aufeinander gehetzt – siehe Helikopter-Vorwurf. Dabei wird vergessen, dass es eine Gesellschaft doch erst einmal beruhigen sollte, wenn es eine immer größere Zahl von Menschen gibt, die eine tiefe Verbundenheit zu ihren Kindern verspürt. Denn in erster Linie sehe ich in Helikopter-Eltern Menschen, die eine wahnsinnige Liebe für und eine damit verbundene Angst um ihren Nachwuchs empfinden. Die Rezeption über diesen Eltern-Typus ist jedoch eine rein verächtliche.

Es mag immer einige Eltern geben, deren Verhalten krankhaft ängstlich ist und die ihr Kind wirklich beeinträchtigen. So wie es auch immer einige sehr nachlässige Eltern gibt, deren Verhalten ihre Kinder genauso beeinträchtigt (erst seit 2012 erfassen die Sozialbehörden die Zahl der Kinder in Deutschland, die unter Vernachlässigung und Verwahrlosung leiden. Und auch wenn jeder Einzelfall einer zu viel ist, liegt der Anteil an der Gesamtkinderzahl bei gerade mal einem halben Prozent).[2] Alles andere ist typische Projektion auf Eltern, die genauso leidenschaftlich wie unfair bewertet werden, wie das sonst nur Politiker und Fußballstars täglich erleben. Das gab es früher nicht; da hatten Eltern einfach recht, egal ob es eine schallerte oder zehn Pfennig für den rostigen Kaugummiautomaten gab. Hat niemanden interessiert. Heute rücken plötzlich jede Geste und jedes an das Kind gerichtete Wort in den Fokus der Allgemeinheit und jeder weiß besser, wie man Kinder erzieht.

Heutige Eltern müssen in der Öffentlichkeit immer wieder aufs Neue beweisen, dass sie gute Eltern sind – unabhängig von der Frage, was es eigentlich ausmacht, »gute« Eltern zu sein. Mit jedem Tag fangen wir wieder bei null an. Was gestern gut lief, zählt heute gar nichts. Ich weiß schon nicht mehr, welche Gesichtsausdrücke ich einstudiert hatte, um so souverän wie möglich zu gucken, wenn sich mein Sohn in der Trotzphase einmal mehr an irgendwelche Sachen krallte, von denen er nicht wegwollte (im Wind klimpernde Fahnenmasten, blinkende Schuhputzautomaten und in schlimmsten Fällen die Korbsammeltürme in Supermärkten). In solchen Momenten hat man als Elternteil a) das Gefühl, dass sämtliche Flutlichter auf einen gerichtet sind, und b) dass nur zehn Prozent der Anwesenden pietätvoll wegschaut (das sind oft die, die selbst kleine Kinder haben oder vor Kurzem noch hatten), während bei den anderen die Wetten losgehen, ob sich die Szene zu einer hübschen Katastrophe entwickelt oder der Papa beweisen kann, dass er das Kind im Griff hat – sprich: ein guter Papa ist. Ein Kind in der Trotzphase im Griff zu haben ist jedoch ein Paradoxon, was die Gaffer entweder nicht zu wissen scheinen oder ihnen egal ist. Stattdessen ist die Manege frei und man hat nicht mal die Möglichkeit, vorher zu proben. Der verzweifelte Dreischritt »Wenn du nicht sofort aufhörst – Wir fliegen hier gleich raus – Ich zähle jetzt bis drei« führt unweigerlich ins Verderben.

Ich habe in solchen Momenten stets versucht, meinen kreischenden Sohn, der auf dem Höhepunkt des Trotzanfalls auch mit einer Motorsäge nicht vom Regal mit dem bunten Sandspielzeug zu trennen gewesen wäre, mit Liebe und Verständnis so abzulenken, dass er das Brüllen vergisst. Allerdings ist das, als würde man probieren, einen ausgehungerten Löwen mit sachten Handzeichen von einer frisch gerissenen Antilope wegzulocken. Also habe ich, entgegen allen Beschwörungen der breitgefächerten Ratgeber-Literatur, in diesen Situationen der öffentlichen Bloßstellung meinem Sohn die Sandschaufel in die Hand gedrückt, obwohl es sich anfühlte, als reichte ich gerade dem Satan persönlich die Hand, damit er mich aus dem Treibsand zieht, in den er mich vorher selbst geschubst hatte. In den Blicken des enttäuschten Publikums konnte ich nach erfolgter Schaufelübergabe in Richtung meines Sohnes ein mahnendes: »Oh, oh, du wirst deinen Eltern in ein paar Jahren aber noch schön auf der Nase herum tanzen« lesen.

Wie aber hätte ich sonst reagieren sollen? Meinen Sohn anbrüllen, bis er vor Schreck verstummt wäre? Mal abgesehen davon, dass ich den Erfolg einer solchen Maßnahme bezweifle, hätte mir das ebenfalls böse Blicke beschert. »Wie kann man nur so mit seinem eigenen Kind umgehen?« Unter Protest wegziehen? Kind stehen lassen und sich unbeteiligt stellen?? Was tut man, wenn das Kind trotzt? Vielleicht hätte ich mich neben meinen Sohn setzen und geduldig abwarten sollen, bis sein Anfall vorüber gewesen wäre, und eventuell hätte das sogar funktioniert. Nur: Auch dann hätte sich jemand gefunden, der sich das Maul darüber zerrissen hätte, dass ich nicht in Lage sei, den Trotzanfall meines Sohnes mit einer klaren Ansage zu beenden. Und am Ende hätte eine nette alte Dame vorwurfsvoll gepampt: »Na, nun kaufen Sie Ihrem Sohn schon die Schaufel.« Alles schon gesehen, alles schon gehört, alles schon erlebt. Fazit: Egal was du tust, es ist falsch. Also tue das, womit es dir und deinem Kind am besten geht. Denn das ist das einzig Richtige.

Der Fußballnationalspieler Per Mertesacker hat in einem Interview mit dem *Spiegel* gesagt, dass der Druck, vor einem Millionenpublikum zu performen, so unerträglich für ihn gewesen sei, dass regelmäßiger Durchfall noch zu den harmlosesten körperlichen Symptomen gehörte, unter denen er litt. Seinen mechanischen Brechreiz verbarg er, indem er manchmal so tat, als würde er sich mit Schulter und Oberarm den Schweiß wegwischen, wie Fußballer das so machen. Nur keine Schwäche zeigen.

Ich stelle fest: Heutige Eltern kaschieren Momente der Verzweiflung ganz genauso, weil sie sich damit vor gesellschaftlicher Ächtung schützen. Als meine Frau in besagter Trotzphase beim Vorbeigehen am Schaufenster eines Spielzeuggeschäftes ihr persönliches Waterloo erlebte, drehte sie sich geschickt mit unserem in Presslufthammer-Lautstärke brüllenden Kind in einen dunklen Seitengang, damit die zahlreichen Zuschauer, die sich dieses Schauspiel nicht entgehen lassen wollten, nicht sahen, dass sie keine Luft bekam und die Tränen in Alsterfontänenstärke aus ihren Augen spritzten.

In einem Mama-Blog las ich unlängst das Manifest einer frustrierten Mutter, die die Frage in den Raum stellte, warum Eltern in solchen Situationen regelmäßig mit einem Kopfschütteln bedacht werden, anstatt dass man der Frau/

dem Mann ein aufmunterndes Lächeln schenkt und im Vorbeigehen sagt: »Halte durch, das geht vorbei. Du machst das super!« Gute Frage.

Jedenfalls ist die Angst, Fehler in der Erziehung zu machen, die sich am Ende allen offenbaren, die an einer Schnur hingehaltene Möhre, die einen in die Abhängigkeit von Fremdexpertisen lockt. Und wo es so viele Ratgeber, Eltern-Zeitschriften und Mama-Papa-Blogs gibt, steht immer der Vorwurf im Raum, dass solche Fehler eigentlich gar nicht mehr vorkommen dürften. Hätte man doch wissen können, dass ein Kind in der Trotzphase zu irrationalen Handlungen neigt. Geht man eben nicht dicht an einem Süßigkeitenregal entlang. Lies doch mal *Dein kompetentes Kind* von Jesper Juul, damit du ein guter Vater wirst. Und außerdem: Hätte das Kind Respekt vor seinen Eltern, würde es nicht wild schreiend über den Kachelboden im Supermarkt rollen und dabei mit den Fäusten auf die Fliesen hauen. Böse, böse, böse, Schuld, Schuld, Schuld!

In Gesprächen mit anderen Eltern erlebe ich, dass ich nicht der Einzige bin, der die Debatte über uns angeblich zu nachsichtige und zu liebevolle Eltern leid ist. Deshalb habe ich zu recherchieren begonnen, warum die Frage nach der richtigen Erziehung heute so ein Reizthema ist, und bin zu einigen überraschenden Erkenntnissen gekommen, die ich in diesem Buch erläutern werde. Außerdem werde ich über meine Erfahrungen als Vater erzählen und was bei der Erziehung meines Kindes funktioniert (und was nicht). Ich werde mich hüten, meine Vorstellung einer achtsamen, fürsorglichen und sehr engen Begleitung eines Kindes zu generalisieren und als alleingültig zu sehen. Jedes Kind ist anders, jede

Mutter ist anders, jeder Vater ist anders. Ich bin weder ein Erziehungsexperte noch habe ich eine pädagogische Ausbildung absolviert. Aber ich werde allen Eltern, die sich wie ich von gesellschaftlichen Erwartungen unter Druck gesetzt fühlen, mit meinen Kindheits- und Jugenderinnerungen gute Argumente dafür liefern, dass man es mit Liebe und Nähe gar nicht übertreiben kann.

Die erwähnte Untersuchung der Adenauer-Stiftung trägt übrigens den Titel »Wenn Eltern nur das Beste wollen«, womit sie suggeriert, dass das Verhalten heutiger Eltern durch diesen hohen Anspruch eben gerade nicht zum gewünschten Ziel führt. Ich glaube, dass schon Neandertaler ihre Kinder lieb hatten und jeder weiteren Generation das Wohlergehen des eigenen Nachwuchses genauso am Herzen lag. Die Motive waren über die Jahrtausende sicher unterschiedlich und jede Generation hatte ihre eigenen Bedingungen, ein eigenes Moralverständnis und das Wissen, wie man ein Kind am Leben erhält. Aber keine Generation vor uns geriet so dermaßen in das öffentliche Interesse wie unsere, keine wurde so daran gemessen, was sie macht und was sie unterlässt. Genau das führt dazu, dass viele Eltern nicht mehr authentisch sind und nicht mehr aus tiefstem Herzen handeln. Und deshalb muss diese ganze Debatte in die richtige Spur gebracht werden.

Den Anfang macht dieses Buch.

2. Eine Kindheit in den Achtzigern

Oder: Vom Ernstnehmen und Ernstgenommenwerden

Deutschland 1979. Eine Sammeltüte Panini-Bilder kostet 25 Pfennige. Wenn Papa nach Hause kommt, ist er entweder sehr müde oder er verschwindet in seinem Hobbykeller. In den Innenstädten von Hamburg, Berlin oder München leben viele türkische Gastarbeiterfamilien. Deutsche Familien wohnen am Stadtrand, überall entstehen in dieser Zeit Neubausiedlungen, viel Wohnraum, viel Grün, kaum Verkehr.

In so einem Milieu werde auch ich groß. Wenn ich auf die Straße gehe, muss ich nicht nach links und rechts schauen, denn pro Stunde kommt maximal ein Auto vorbei. Stattdessen treffe ich auf andere Kinder: Ecki mit der Brille, die seine Augen wie durch eine Lupe vergrößert, Dierk, der von seinem Alter her in die dritte Klasse gehen müsste, aber noch immer in der Ersten sitzt. Franky, unser König, weil sein Vater bei Yps arbeitet. Und manchmal auch Udo, der wegen des Hobbys seiner Mutter oft nach angebranntem Plastik riecht. Sie macht Makramees, und ich kenne sie nur mit orangefarbenen Kunststoffschnüren in der Hand, links das Feuerzeug, im Mund eine HB.

Gehen wir Kinder gemeinsam die Straße rechts hoch, kommen wir an einen braunen Bach, passieren mehrere Pferdekoppeln und landen zum Schluss an der Autobahn, die man bei Westwind schon von Weitem hört. Gehen wir die Straße nach links hoch, kommen erst mal ein paar sehr tiefe Baugruben, Zementmischer, leere Sammelgaragen und am Ende, bevor der Birkenwald beginnt, der Lottoladen von Herrn Paschke, unserem Bonsche-Dealer und einzigem Treffpunkt, wo ein bisschen was los ist.

Deutschland vierzig Jahre später. Eine Sammeltüte Panini-Bilder kostet neunzig Cent. Wenn ich nach Hause komme, bin ich entweder sehr müde oder ich stelle mich noch an den Herd und mache Abendessen. In den Innenstädten von Hamburg, Berlin oder München leben nur noch wenige türkische Gastarbeiterfamilien, die jetzt Türken der dritten Generation genannt werden, denn sie sind an den günstigeren Stadtrand gezogen. Deutsche Familien leben dort ebenfalls, haben allerdings oft keine Kinder mehr. Die sind erwachsen geworden und in die Innenstädte gezogen, wo es jetzt teure Fabriklofts zum Wohnen gibt und Altbauten, die wie neu aussehen.

In diesem Milieu wird mein Sohn groß. Wenn er auf die Straße geht, dann nur mit Begleitung, denn in jeder Stunde gibt es gefühlt nur eine Sekunde, in der mal kein Auto am Haus vorbeirauscht. Dafür trifft mein Sohn kaum Kinder. Wenn, dann nur morgens Früh Hannah aus dem ersten Stock und Sybil, ein Haus weiter. Sybils Mutter ist Lehrerin an der Montessori-Schule und trägt kein Leder, Hannahs Mutter grüßt uns nicht. Geht mein Sohn mit mir an der Hand die Straße nach rechts hoch, kommen wir erst an einem linksautonomen Kulturzentrum vorbei, dann an einigen Drogendealern, zum Schluss an einem tibetanisch-buddhistischen Gemeindehaus. Gehen wir die Straße links hoch, kommen wir zur Kita meines Sohnes mit der pädagogischen Holzwerkstatt, passieren das vegane Drei-Sterne-Restaurant und landen zum Schluss beim Bioladen, wo die Bonsches ausschließlich mit Kokosblütensirup gesüßt sind und die Kassiererin fassungslos den Kopf schüttelt, wenn man nach Thunfisch fragt.

Die Welt hat sich in vierzig Jahren so verändert, wie sie das früher in vierhundert Jahren nicht geschafft hat. Wer sich heute als Mittvierziger an seine Kindheit erinnert, den überkommt manchmal das Gefühl, als ob er in einem anderen Universum groß geworden sei. Um zu verstehen, warum ich als Vater mit meinem Sohn ganz anders umzugehen versuche, als Eltern das früher für gewöhnlich mit ihren Kindern machten, muss ich also ein wenig zurückgehen.

Die Siebziger- und Achtzigerjahre gelten noch heute als eine sehr gemütliche Epoche. Eine Zeit, in der sich nur wenige beschwerten, keine Zeit zu haben. Samstag um zwölf Uhr machten die Einkaufsläden Feierabend. Dann wurde es auf den Straßen schlagartig noch stiller, als es sowieso schon war. Was machte man da? Keine sozialen Medien, kein Netflix; E-Mails vom Chef verdarben einem auch nicht das Wochenende. Freizeit war freie Zeit. Dennoch verbrachten Eltern damals viel weniger Zeit mit ihren Kindern als heute.[3] Die Väter arbeiteten in der Woche viel, oft über Jahrzehnte bis zur Rente, in der Regel für denselben Arbeitgeber, am Wochenende brauchten sie Ruhe. Es gab weder die Idee der Elternteilzeit noch gab es Mütter, die arbeiteten, während der Vater sich allein um die Kinder kümmerte. Kinder zu kriegen war sehr normal, vielleicht sogar banal, es gehörte dazu und war nicht der Mittelpunkt der Lebensplanung.

Wo alles planbarer und unaufgeregter war, ohne Mütterblogs und zwanzig verschiedene Elternzeitschriften, war auch der Umgang mit Kindern unbekümmerter. Es gab noch keine Diskussionen über überlastete Mütter, die zwischen Karriere und Familie zugrunde gehen. Man beschwerte sich einfach nicht darüber, dass Kinder der eigenen Selbstverwirklichung zuwiderliefen. Vielleicht gab es solche Befürchtungen, aber sie wurden nicht offen artikuliert. Müttern, die über ihr Schicksal als Mutter reflektierten, hätte damals keiner zugehört.

Viele haben diese Jahre als sichere und sorgenfreie Zeit in Erinnerung, wo ein Ernährer ausreichte, und das war eben der Papa. Die Verhältnisse waren hübsch ordentlich zementiert, die Männer beruhigt, weibliche Konkurrenz im Job gab es viel zu selten. Die Weltlage: auch hübsch ordentlich zementiert. Zwischen den USA und dem Ostblock herrschte ein verlässliches Machtgleichgewicht. Gut, 1982 flehte Nicole um ein *Bisschen Frieden* und Hans Harz sang von den müden weißen Tauben, was zumindest ein Indiz dafür ist, dass die Zeiten so unbesorgt auch nicht waren. Aber während sich heute in der Weltpolitik täglich alles zu ändern scheint (und wir im Fünf-Sekunden-Takt darüber informiert werden), hatten anno 1980 Mann, Frau, Kind ihre klaren und festen Rollen auszufüllen, und sie taten das mit Selbstverständlichkeit. Wer als Kind in der Schule seinen Berufswunsch äußerte, konnte davon ausgehen, genau diesen Beruf später auszuüben. Wer heute in der Schule seinen

Berufswunsch äußert, kann davon ausgehen, dass es diesen Beruf nicht mehr gibt, wenn er mit der Schule fertig ist. Angesichts von Digitalisierung und Globalisierung findet die Lebensplanung heute in einer Schneekugel statt, die ständig geschüttelt wird. Alles ändert sich dauernd, und das verunsichert.

Da träumt man sich gern zurück in die heile Welt, wo sich kollektive Bestürzung auf den Serientod von Bobby aus *Dallas* beschränkte und die Nation die Sorge umtrieb, dass Viktor Worms mit der Nachfolge von Dieter Thomas Heck in der *ZDF-Hitparade* überfordert sein könnte.

Allerdings vergisst man dabei leicht, dass diese Zeit nicht für alle Menschen so harmlos und unbekümmert war. Diskussionen über politische Korrektheit, Integration und Gleichberechtigung von Minderheiten gab es praktisch nicht. Ich kann mich noch gut an die Türkenwitze erinnern, die nicht nur auf dem Schulhof gerissen wurden. Zuwanderer lebten ghettoisiert in Stadtteilen, in die kein Deutscher ziehen wollte, die Fußballnationalmannschaft bestand ausschließlich aus Biodeutschen. In einer Kinderserie, ich glaube es war die *Sesamstraße*, ging es in einer Folge um die Frage, ob Gastarbeiterkinder stinken würden (sie stanken nicht, wie ein deutsches Mädchen durch beherztes Schnuppern an ausländischen Kindern auf einem Spielplatz herausfand). Wenn ich vergleiche, in welchem offenen Klima mein Sohn heute aufwächst, wie selbstverständlich es ist, mit Kindern, deren Eltern nicht hier geboren wurden, in der Kita oder auf dem Hinterhof zu spielen, wenn ich sehe, dass zwei Freunde meines Sohnes bei zwei Müttern aufwachsen und dass Pippi Langstrumpfs Vater sich vom Neger- zum Südseekönig entwickelt hat, dann wird mir die oft ausgrenzende gesellschaftliche Kälte bewusst, die mir in der Kindheit zwar nie selbst entgegenschlug, die ich aber sehr wohl mitbekam.

Es ist ein großes Glück, dass viele der Wahrheiten, die ich als Kind noch kannte, heute keine mehr sind. Damals gab es nicht nur ein Deutschland, sondern noch ein zweites, rechts daneben, etwas kleiner und auf der Karte der *Tagesschau* immer grau eingefärbt. Ein schlechtes, ein trauriges Deutschland, wo die Menschen ins Gefängnis kamen, wenn sie lediglich verreisen wollten. Wir konnten einen Fernsehsender aus diesem Land empfangen, nur schwarzweiß, und ich verstand nicht, warum die Menschen sogar dort manchmal lachten.

Meine Oma kam ebenfalls aus einem fremden Land. Es war über Nacht ein anderes geworden. Es hieß plötzlich Polen und nicht mehr Schlesien, und obwohl den Polen das Land nicht gehörte und sie meiner Oma das Haus wegnahmen, war es unsere eigene Schuld. Ich brachte das nicht zusammen. Waren wir vielleicht auch Ausländer? Das Rätsel blieb lange ungelöst, auch weil meine Oma nie über ihre Heimat sprechen wollte.

Alles, was hinter Lauenburg an der Elbe begann, war damals ein riesiger dunkler Fleck mit dem bedrohlichen Namen Ostblock. Und es gab noch vieles andere, das mindestens genauso beunruhigend war: die übel gelaunten Menschen auf den Fahndungsbildern, die »RAF-Terroristen« hießen und deren Fotos am Postschalter klebten, an dem wir gerade das Geburtstagsgeschenk an Tante Dita verschicken wollten. Böse und gut, das war früher noch ganz einfach verteilt, ein bisschen wie im Märchen, und es passierte auch nicht ständig etwas Neues und genauso wenig wurde man permanent darüber informiert, dass irgendwo etwas Neues passiert war. Tagsüber brauchte niemand den Fernseher einzuschalten, denn da lief nur Testbild. »Piiiiiiiiiep. Norddeutscher Rundfunk Hamburg Fernsehen. Drittes Programm.« In Endlosschleife, bis um 18 Uhr die *Sesamstraße* begann. Das war der Sound meiner Kindheit.

Was wir heute bei all der herzerwärmenden Nostalgie vergessen: In genau dieser als so geordnet und geruhsam empfundenen Zeit herrschten für den Einzelnen viel größere Lebensrisiken als in der oft von Ängsten dominierten Gegenwart. Statistisch war die Gefahr, Opfer einer Straftat[4] oder eines Unfalls[5] zu werden, um ein Vielfaches höher. Es starben früher auch viel mehr Menschen aufgrund ihrer ungesunden Lebensführung als heute.[6] Wir leben heute in nie zuvor gekannter Sicherheit. Wir hatten noch nie so viel Kaufkraft, so günstige Flugpreise, so viele Möglichkeiten. Aber auch noch nie so viel Angst, das alles zu verlieren.

Ich bin ein Mittelstandskind, und in meiner Wahrnehmung als Kind gab es nur diese Mittelschicht. Nur wenige Eltern meiner Freunde hatten damals studiert, denn ein Hochschulabschluss war für ein Leben im Wohlstand nicht zwingend. Konkurrenzdruck und Wettbewerb kamen im Berufsleben seltener vor, in der Schule erst recht. Meine ersten Hausaufgaben bekam ich in der dritten Klasse, und zwar erst, nachdem wir unserer Lehrerin so lange in den Ohren gelegen hatten, bis sie irgendwann aufgab und wir zu Hause ein Bild ausmalen sollten. Ich fühlte mich sehr erwachsen damals.

»Kinder sollen so viel Zeit wie möglich haben«, sagte unsere Lieblingslehrerin. Und die Frage nach der richtigen

Schulform raubte damaligen Eltern nicht den Schlaf. Heidi Kabel sang in den Siebzigerjahren: »Mit die höhere Schule is dat nix – da kommt mein Kind nich rein – inne Seilerstraße [das war eine Volksschule in Hamburg] lern sie auch ganz fix – und wat soll dat mit Latein.« Elternabende waren früher eher unverbindliche Treffen vorrangig der Mütter (Väter arbeiteten oder saßen, wie eingangs ja schon erwähnt, in ihren Hobbykellern), und ich habe immer wieder Momenten bei Freunden und Mitschülern beigewohnt (Lagerfeuer im Gemüsebeet, Krümelmonster mit Fahrradspeichen foltern, Einkaufswagen in den Natursee schieben), bei denen ich mich bereits als Kind fragte, ob es nicht besser wäre, wenn sich die Eltern interessieren würden für das, was ihr Kind gerade machte.

Dierk Knüllenstedt war so ein Fall. Ein Schlüsselkind, wie es damals kein Zweites gab, ein Kind, das sich quasi selbst erzogen hat. Dierk hatte immer eine rote Murmel in der Tasche, seine kleine Wahrsagekugel. In Momenten unerträglicher Langeweile sah er kurz hindurch und bekam dann eine Eingebung, was zu tun sei.

Dierk: »Die rote Kugel sagt, du sollst einen Klingelstreich bei Oma Pastenkötter machen.«

Ich: »Echt, Dierk? Ich will aber nicht.«

Dierk (nachdem er noch einmal ganz ernst in die Murmel geplinst hat): »Wenn du es nicht tust, wirst du morgen um zehn Uhr einen tödlichen Unfall erleiden.«

Ich: »Nee warte, ich bin gleich wieder da.«

Es sind solche Erinnerungen, die mich als Vater zu der Erkenntnis gebracht haben, dass man einem Kind gar nicht zu viel Aufmerksamkeit schenken kann.

Verglichen mit vielen meiner damaligen Freunde bin ich in einer liebevollen Atmosphäre aufgewachsen; ich erinnere mich aber auch an die klaren Grenzen, die vor allem meine Mutter in unserer Erziehung zog und die ich heute in dieser Klarheit bei meinem Sohn nicht setze, weil ich immer offen bin für seine Argumente. Denn ja, er zeigt durchaus Verhandlungsgeschick, wenn er mir auf dem Spielplatz zum Beispiel vorschlägt: »Wenn du mich auf deinen Schultern nach Hause trägst, sind wir schneller. Dann habe ich noch Zeit zum Rutschen, oder?« Wo er recht hat, hat er recht. Warum also sollte ich ihm seine Bitte abschlagen? Nur damit er lernt, dass wir nach Hause müssen, wenn Papa sagt, dass es gleich Essen gibt? Wir gehen ja und werden durch den Vorschlag meines Sohnes sogar pünktlich sein. Kann sein, dass er es beim nächsten Mal wieder probiert und es mich größere Mühe kosten wird, wenn mir mal nicht danach ist, einen 15-Kilo-Brocken nach Hause zu tragen. Aber gelernt hat mein Sohn trotzdem etwas: Argumente zu finden, um seine Bedürfnisse durchzusetzen, und Kompromisse einzugehen. Ich komme ohne zu murren mit dir mit, wenn ich noch mal rutschen darf und du mich trägst. Da er sich meinem Bedürfnis, pünktlich zum Abendessen zu Hause zu sein, unterordnet, kann ich seinem Bedürfnis nach einer allerletzten Rutschpartie und dem Getragenwerden nach einem langen Tag guten Gewissens nachgeben.

Ein scharfes »Finito« aus dem Mund meiner Mutter wurde von meinem Bruder und mir hingegen nie hinterfragt, geschweige denn mit Kompromissvorschlägen beantwortet. Wenn Schluss war, war Schluss, so schön es in diesem Moment auch gewesen wäre, noch weiterzuspielen oder auf andere Weise nicht ins Bett zu gehen. Sie konnte sich ohne Strenge und Härte durchsetzen, was ich bis heute bewundere; sie hat es geschafft, uns Respekt zu lehren, ohne uns Angst zu machen. Wenn meine Eltern am Samstagabend aus waren, legte ich die gelbe Küchenuhr auf den Wohnzimmertisch und ging wie verabredet um Punkt halb neun mit meinem Bruder ins Bett, obwohl Frank Elstner bei *Wetten dass ..?* noch nicht einmal die Saalwette verkündet hatte. Meine Mutter besaß diese unverhandelbare Autorität; es gab eine Stimmlage, da wurde gar nicht erst versucht, noch ein paar Gegenargumente zu finden, warum man a) noch nicht ins Bett, b) noch mehr Süßigkeiten oder c) erst später Hausaufgaben machen wollte. In besonders brenzligen Situationen zitierte sie ganz ruhig den Erlkönig (»Und bist du nicht willig, so brauch ich Gewalt!«), verbunden mit einem mild lächelnden Gesichtsausdruck. Weder mein Bruder noch ich wollten je wissen, wie sich der Erlkönig das weitere Vorgehen im Detail vorstellte. Also besser nichts wie ins Bett.

Ich kann mich nicht daran erinnern, dass meine Mutter bei dem klassischen Ich-zähle-bis-drei-Ultimatum überhaupt mal bis zur Drei zählen musste. Ich glaube, selbst die Zwei hat es nie gebraucht. Bei mir als Vater sieht es so aus, dass ich nach der Zwei die Augen sehr weit aufreiße, um dann etwas lauter auf Zweikommafünf zu erhöhen, während mein Sohn recht unbeeindruckt bleibt, auch wenn ich mich dann in Dezimalschritten bis fast zur Drei vorkämpfe, um am Ende mit ihm genau das zu tun, was er will: Noch ein bisschen mit dem Schlumpfhaus spielen statt ins Bett zu gehen. Und beim anschließenden Geschichten-Erzählen bleibe ich sogar bei der sechsten Episode noch gütig (wir haben uns vorher selbstverständlich darauf geeinigt, dass nach der ersten hundertprozentig Schluss ist). Ich muss dann sehr genau überlegen, ob diese Nachgiebigkeit, die ich genauso bei anderen Eltern erlebe, eine bewusste Erziehungsmethode ist oder ein Ausdruck von Konfliktunfähigkeit.

Ich versuche mir in solchen Momenten immer vorzustellen, wie ich mich fühlen würde, wäre ich gerade mit etwas sehr Schönem beschäftigt und jemand käme herein und verkündete: »Schluss, ab ins Bett.« Oder, mehr aufs Erwachsenenleben bezogen: Ich sitze an meinem Schreibtisch und schreibe an einem Artikel. Da kommt der Chef rein und sagt: »Jan, der Wahnke braucht mal eben jemanden, der seine Reportage Korrektur liest. Mach du das bitte.«

Ich würde antworten: »Gleich, ich schreibe nur noch rasch den Absatz zu Ende.«

»Nein, machst du nicht. Du gehst jetzt. Sofort. Abmarsch!«

Ich käme mir komisch vor, doch genau so, verlangen Erziehungsexperten, soll ich mit meinem Kind umgehen. Der Chef (Papa) macht eine Ansage, und sofern er nicht dafür sorgt, dass sie prompt befolgt wird, droht allgemeine Aufmüpfigkeit. Dabei beobachte ich mich umgekehrt genauso, wie ich meinem Sohn ein »Gleich!« zurufe, wenn er mich bittet, ihm etwas vorzulesen, und dass ich nicht sofort alles stehen und liegen lasse, nur weil er das so möchte. Natürlich muss der Erwachsene bis zu einem gewissen Grad sein Kind führen und dazu bringen, Dinge zu tun, die es nicht tun möchte, aber nicht auf Teufel komm raus. Wo Spielraum ist für Verhandlungen, darf man den getrost nutzen. Denn wie gesagt, ein Kind lernt nicht nur daraus, dass es zumindest einen Versuch wert ist, seine eigenen Bedürfnisse zu äußern, sondern auch, sich für sie einzusetzen. Wer immer nur ein Nein zu hören kriegt, fragt irgendwann nicht mehr. Wollen wir das wirklich?

In vielen Erziehungsratgebern liest man, wie wichtig das Austragen von Konflikten zwischen Eltern und Kindern ist, weil sie der Abgrenzung und Selbstbehauptung dienen. Gelungene Konfliktlösungen gelten als Lern- und Übungsfeld für die Entwicklung von Argumentationsfähigkeit, Selbstständigkeit, sozialer Kompetenz, Selbstverantwortung, Perspektivenübernahme und Verhandlungsgeschick. Genau das trainiere ich mit meinem Sohn, wenn ich hin und wieder nachgebe. Wenn ich dagegen an die Konflikte aus meiner Kindheit denke – auf die hätte ich gern verzichtet. Das betrifft gar nicht die Konflikte mit meinen Eltern, die der klassische Unartig-sein-und-bestrafen-Rhythmus bestimmte. Viel schlimmer war die Art und Weise, wie viele andere Erwachsene Kindern in Konflikten gegenüber auftraten. Sie nahmen sie schlicht nicht ernst.

Ich erinnere mich an Grundschullehrerinnen, die sich in einer Auseinandersetzung wie selbstverständlich über meine Sichtweise hinwegsetzten und sie mit einem Handwedeln abtaten, als könnte nichts, das ich zu sagen hatte, irgendeine Form von Relevanz besitzen. Lehrerinnen, die kritische Fragen im Unterricht durch Ausgrenzung beantworteten oder selbst im Bewusstsein, unrecht zu haben, dem Schüler die Schuld gaben. Wenn ich erlebe, wie in der Kita meines Sohnes heute Konflikte geklärt werden (nämlich durch ernsthaftes Zuhören und Kompromisse schließen), dann wünsche ich mir, ein Großteil meiner früheren Lehrer würde hier ein paar Tage hospitieren.

In den Siebziger- und Achtzigerjahren wurde Kindern von vielen Seiten nicht zugehört; das betraf neben dem pädagogischen Personal beispielsweise auch Kinderärzte, Bedienstete im Einzelhandel und, ja, auch die Polizei. Ein Erlebnis begleitet mich bis heute. Es muss Anfang der Achtzigerjahre gewesen sein. Mit einem Schulfreund hatte ich gerade das Tor der Grundschule passiert, da sahen wir, wie einige Meter vor uns ein Mann unseren Klassenkameraden Björn Finkenwalder ansprach, der daraufhin panisch reißaus nahm. Der Mann wandte sich uns zu, kam sehr nahe und begann, uns fürchterlich zu beschimpfen. Ich erinnere mich nicht mehr im Detail, was er uns entgegenschrie, aber Kinder haben eine Antenne dafür, wenn Gefahr im Verzug ist, und wir rannten angsterfüllt nach Hause. Die Situation war so bizarr, dass ich einige Zeit brauchte, bis ich mich meiner Mutter offenbarte und wir gemeinsam mit den betroffenen Klassenkameraden und deren Eltern zur Polizei gingen. Die Beamten am Tresen zeigten allerdings wenig Interesse für das, was wir schilderten. Stattdessen mahnten sie Widersprüche in den Aussagen an und rissen untereinander Witze, bis einer der anwesenden Väter laut wurde und die Polizisten aufforderte, uns Kinder endlich ernst zu nehmen.

So gesehen ist es kein Wunder, dass ich als Kind ein grundsätzliches Misstrauen Erwachsenen gegenüber pflegte und zwar dergestalt, dass sie einem sowieso nicht glaubten. Nach unserer Meinung wurden wir Kinder sowieso nicht gefragt, und wenn, dann besaß sie keine Relevanz. Einer der schönsten Momente in meiner Grundschulkarriere entpuppte sich im Nachhinein als einer der schlimmsten für mich. Wir sollten Bilder für unser neues Klassenzimmer malen und am Ende das beste auswählen, das gerahmt neben die Tafel gehängt werden sollte. Die Klassenkameraden entschieden sich für mein Bild, ich glaube, es zeigte eine Frau mit einem Hund und Blumen, jedenfalls war ich an diesem Tag der stolzeste Achtjährige der Welt, und als ich am nächsten Tag zur Schule ging, hatte ich das Gefühl, fünf Zentimeter über dem Boden zu schweben. Das änderte sich schlagartig, als ich vor dem gerahmten Bild stand. Es war nämlich nicht meins. Als ich nachfragte, erklärte die Lehrerin, dass sie ein anderes als doch passender für den Klassenraum befunden habe. Bähm! Mit ihrer Entscheidung hatte die Lehrerin nicht nur eine ganze Klasse entmündigt, sondern gleichzeitig signalisiert, dass wir unfähig waren, sinnvolle Entscheidungen zu treffen. Was lernte ich daraus? An meinem Urteil zu zweifeln. Großartig.

In einem Artikel der *Neuen Zürcher Zeitung* vom Juni 2018 kritisiert die Autorin, dass viele Eltern ihre Kinder überforderten, indem sie diese in Entscheidungsprozesse einbeziehen. Sie schildert mehrere Situationen, in denen sie auf der Straße erlebte, wie Eltern ihre Kinder fragten, ob sie lieber zu Fuß gehen oder den Bus nehmen, lieber diesen oder jenen Joghurt essen, lieber Mütze statt Käppi aufsetzen wollten. Ich kann den Lesern an dieser Stelle nur zurufen: Ihr könnt gar nicht früh genug anfangen, eure Kinder um ihre Meinung zu bitten! Das unterstützt sie in ihrem Selbstwertgefühl und bestärkt sie darin, ein respektiertes Mitglied der Familie zu sein. Natürlich nur so lange, wie Eltern die Entscheidung der Kinder respektieren. Es gilt der Grundsatz: Frage nie, wenn du die Antwort nicht hören willst. Denn natürlich gibt es Lebensbereiche und Entscheidungen, die

Kinder nicht überblicken können. Ich würde meinem Sohn zum Beispiel nicht die Wahl seiner Schule überlassen.

»Willst du lieber mit deinen Freunden Lukas und Tom auf der Grundschule gegenüber eingeschult werden oder mit Nele und Jonas auf die Montessori-Schule gehen?«, wäre absolut keine sinnvolle Frage, weil er nicht ermessen könnte, wofür oder wogegen er sich da entscheidet (außer für diese oder jene Freunde). Was er morgens anziehen will, darf er dagegen schon bestimmen, auch wenn sein Geschmack, was Farbkombinationen anbelangt, manchmal sehr zu wünschen übrig lässt.

In die Frage, was wir zusammen kochen oder am Wochenende unternehmen wollen, beziehen wir unseren Sohn selbstverständlich ebenfalls mit ein. Warum auch nicht? Das sind Dinge, die er überblicken kann. Und es gibt für jede Altersstufe Gelegenheiten, in denen man seinen Kindern die Chance auf Mitspracherecht einräumen kann. So saß eine Bekannte von mir zum Beispiel mit ihrer eineinhalbjährigen Tochter gern an der Bushaltestelle vor ihrer Haustür und schaute dem Verkehr zu, so wie andere Kinder gern »Baggergucken« gehen. Als eines Tages einmal der nächste Bus hielt und sich die Türen öffneten, stieg die Kleine kurzerhand ein. Die Mutter hätte das Kind nun zurückreißen können, weil sie ja gerade an der Haltestelle saßen und nirgendwo hinwollten und sie vielleicht in der Zeitung gelesen hatte, dass man Kinder zu Egomanen erzieht, wenn man ihnen die Führung überlässt. Stattdessen stieg sie mit ein, und beide fuhren ein paar Haltestellen, bis das Kind wieder ausstieg, in einen wildfremden Bäckerladen spazierte und auf ein Brötchen in der Auslage zeigte. »Da-da!« Mama gab nach und kaufte das Brötchen.

Hat meine Bekannte ihre Tochter damit überfordert und verwöhnt oder ist das Kind heute deswegen aufmüpfiger als andere? Sie versichert mir, dass es nicht so ist, sondern dass das Kind im Gegenteil ein Nein, wo es notwendig ist, viel eher akzeptiert, wenn es zuvor häufiger mal ein Ja gehört hat. Und, was vielleicht noch wichtiger ist: Es fühlt sich ernst genommen.

Zurück in meine Kindheit, wo viele Erwachsene davon ausgingen, dass Kinder keine Gefühle haben, die man verletzen könnte. Eine besonders nachhaltige Demütigung war in diesem Zusammenhang das sogenannte Haltungsturnen, das genau das meinte, was es hieß: Schüler mit Schäden im Bewegungsapparat, erkennbar an ihrer krummen und schiefen Haltung, mussten zweimal in der Woche nach Schulschluss eine Sportstunde extra abhalten, angeleitet von Frau Knaufhalter, die grundsätzlich ein Gesicht machte, als sei Haltungsturnen das Letzte, was sie sich von ihrer Karriere als Turnlehrerin erträumt hatte. Für uns Schüler war allein schon das Gefühl, nur deshalb nachsitzen zu müssen, weil man ein paar körperliche Macken hatte, nicht förderlich für das Selbstwertgefühl. Zumal wir Ballerinas tragen mussten, auch die Jungs.

Noch schlimmer allerdings war das vorangegangene orthopädische Casting, das alle Kinder durchlaufen mussten. Wir wussten ja, dass die Auserwählten dieser demütigenden Fleischbeschau die Verlierer sein würden, weshalb ich inständig hoffte, keinen noch so kleinen Haltungsschaden aufzuweisen. Diese Hoffnung währte nicht lange, zumal ich aufgrund meines Nachnamens der erste Schüler war, der in das Zimmer der Schulärztin gebeten wurde. Dort saß Doktor

Gnadenlos, glatte, straff zurückgekämmte Haare, stechender Blick, kein Lächeln. Unterstützt wurde sie von unserer Schulsekretärin sowie von Maria, unserer jungen Referendarin, und einigen mir unbekannten Personen, die man in solchen intimen Momenten nicht gern um sich haben mag.

»Stell dich dort an die Wand, bitte schön«, sagte Doktor Gnadenlos mitleidsfrei und drückte meinen Brustkorb mit ihren Fingerknöcheln ein. »Kielbrust«, rief sie der Schulsekretärin zu, und ich rätselte, ob das eher gut oder eher schlecht war. »Nach vorne beugen«, forderte Doktor Gnadenlos, und als ich nicht tief genug runter kam, half sie nach, indem sie mit ihrer kalten Handfläche den Hinterkopf weiter nach unten drückte. »Ausgeprägter Buckel«, urteilte sie. Ich hörte nur das laute Tippen der Schreibmaschine, weil sich mein Kopf noch immer im eisernen Griff von Doktor Gnadenlos befand. Schließlich wurden meine Füße mit einer scharfen metallenen Zange vermessen, die aussah, als könnte man damit im Handumdrehen ein Dutzend Schweine schlachten. Nachdem sie meine Füße in diesem Werkzeug des Grauens fixiert hatte, drehte sich Doktor Gnadenlos auf ihrem quietschenden Stuhl zur Schulsekretärin um und wies sie an, unter den Punkt »Gelenk- und Fußschäden« »Fehlstellung nach innen« zu notieren sowie unter den Punkt »Besondere Merkmale« »Plattfüße«.

Maria sah beschämt weg, während die Schulsekretärin beim Tippen Silbe für Silbe »Platt – fü – ße« murmelte, bevor sie den Bogen aus der Schreibmaschine zog und ihn mir halbwegs lächelnd aushändigte.

Als ich aus dem Behandlungszimmer trat, kamen viele meiner Schulkameraden auf mich zu und fragten aufgeregt, wie es gelaufen sei. »Ich glaube, ich habe es geschafft«, antwortete ich und hatte von nun an zusammen mit vier anderen Mitschülern Dienstag und Donnerstag ein verlängertes Schulprogramm, das auf einem geblümten Handtuch in der Schulsporthalle stattfand, auf dem ich Übungen machte, die bei Jane Fonda irgendwie cooler wirken.

Ich hatte als Kind aber nicht nur mit der Motorik meine Probleme, sondern fiel auch nicht als Blitzmerker auf. In meinem Abschlusszeugnis der zweiten Klasse vermerkte die Lehrerin, dass mir leider eine gewisse Zerstreutheit anhängig sei, was den Gesamteindruck trübe. Tatsächlich schaffte ich es einmal, mit einigen Klassenkameraden auf dem Heimweg von der Schule der Einzige zu sein, dem nicht auffiel, dass er keinen Schulranzen trug.

»Was lacht ihr denn immer?«, wollte ich wissen, doch keiner gab mir die richtige Antwort.

»Wo ist dein Ranzen?«, fragte meine Mutter, als ich zu Hause ankam. Da erst fiel mir auf, dass ich ihn vergessen hatte. Bei Schulaufführungen versemmelte ich alles, was wichtig ist, wenn man bei einem Theaterstück mitwirkt. Einsatz, Text, sogar das Anziehen des Kostüms. Beim Krippenspiel als Josef hatte ich mir den Umhang so über den Kopf gezogen, dass es aussah, als säßen zwei Marias um das Jesuskind. Das war aber auch egal. Sobald sich der Vorhang öffnete und die Scheinwerfer mich anstrahlten, leerte sich aufgrund der Nervosität mein gesamtes Hirn wie auf Knopfdruck. Ich hätte in solchen Momenten nicht erklären können, was ich hier tat, geschweige denn, ob ich ein Mensch, ein Tier oder eine Lampe war.

Leider gehörte ausgerechnet ein so fahriges und vergessliches Kind wie ich zu denjenigen, die damals für sämtliche Beschwerden, die ein Kinderarzt überhaupt attestieren kann, eine bestimmte Prothese benötigten. Schon bevor Helmut Kohl sie salonfähig machte, trug ich eine Brille im selben Stil wie er Jahre später als Kanzler. Meine oberen Vorderzähne begannen sich bereits frühzeitig in Bugs-Bunny-Stellung zu formieren, weshalb ich als Grundschüler eine, ach was, zwei Zahnklammern verordnet bekam; eine für oben und eine für unten. Beide mussten mit kleinen Gummibändern miteinander verbunden werden, die einem a) beständig die Zungenränder aufscheuerten und b) dazu führten, beim ruckartigen Lachen die obere Zahnklammer mit einem Knallgeräusch auf sehr schmerzhafte Weise von der Zahnreihe zu ziehen, in der sie verankert war. Beides, Brille und Klammer, waren dauernd verschollen, und bei Letzterem hielt sich meine Motivation, sie schnell wiederzufinden, stets in Grenzen. Das Gesamtpaket rundete eine Art Fessel ab, die ich nachts tragen musste, weil ich mit einer sogenannten Fehlstellung der Füße auf die Erde kam, die angeblich nur dadurch korrigiert werden konnte, dass meine Füße in orthopädisch erwünschter Position fest auf eine Art Brett geschnallt wurden, das es mir unmöglich machte, mich im Bett zu drehen, geschweige denn nachts unfallfrei aufs Klo zu gehen (was nur in konzentrierten Schlusssprüngen gelungen wäre). Man hätte mich damals nur mit Goldfarbe einsprühen müssen, um eine täuschend echte C-3PO-Kopie zu erhalten.

Damalige Ärzte, und damit sind Kinderärzte nicht ausgenommen, zeichneten sich durch eine Gefühlskälte aus, die man heute nicht mehr für möglich halten würde. Als meine Mutter zum ersten Mal mit meinem gerade geborenen

Brüderlein zur Kinderärztin ging, kommentierte Frau Doktor Pauke sein Erscheinungsbild mit einer zu jener Zeit wohl üblichen medizinischen Sachlichkeit, dass es sich bei ihm um ein ziemlich fettes Weib handele (was zumindest bezogen auf die Geschlechtsbestimmung angreifbar erschien). Und unser schmallippiger Orthopäde Doktor Klobingscheid, ein ehemaliger Sanitätsarzt mit Minderwertigkeitskomplexen, die in Zusammenhang mit seiner Größe (circa 1,55 Meter) stehen mussten, der Tugenden wie Verbindlichkeit und Menschenfreundlichkeit eher skeptisch gegenüberstand, erklärte tonlos, dass für den Fall, dass ich die Fußschiene nicht vernünftig trüge, mir nur eine Operation bliebe: »Die Beine einmal schräg durchsägen und die Knochen in richtiger Stellung wieder annageln.«

So ist zu erklären, dass ich monatelang ohne zu murren im Schlusssprung ins Bett hüpfte, obwohl mich zwischen den Kissen Albträume erwarteten, in denen Doktor Klobingscheid und eine Kettensäge entscheidende Rollen spielten.

Zum Glück werden heute viele der früher gängigen orthopädischen Maßnahmen bei Kindern als überflüssig angesehen. In dreißig Jahren hat sich die Kindermedizin enorm entwickelt, und zwar nicht nur zugunsten des Gesundheitszustands der heutigen Kinder, sondern auch was die Behandlungsmethoden betrifft. Die berücksichtigen heute viel stärker die Bedürfnisse von Kindern, die wiederum als Patienten viel ernster genommen werden als früher. Zahnspangen sind heute keine eisernen Masken mehr, Kassenbrillen haben Style, auf Kinderkrücken prangen SpongeBob-Motive. Und hätte es den Erdbeersaft schon gegeben, den mein Sohn bei Schmerzen und Fieber bekommt statt dieses widerlichen milchig-rosafarbenen Brechmittels aus meinen Kindertagen, wäre ich ein Fanboy von Kinderkrankheiten gewesen. Solche medizinischen Verbesserungen drücken eine Wertschätzung gegenüber Kindern aus, die es früher nicht gab.

Wenn ich heute mit meinen Eltern über Kindererziehung spreche, dann sehe ich, dass wir die gleiche Zielsetzung haben und hatten: Sie wie ich wollen, dass unsere Kinder zu empathischen, eigenständigen und verantwortungsbewussten Menschen heranwachsen. Allerdings habe ich andere Vorstellungen darüber, wie der Weg dahin aussieht; wie man also ein Kind erzieht, damit es glücklich und gleichzeitig selbstständig wird, wie viel Nähe ihm gut tut und wo man ein Kind besser mal allein etwas versuchen lassen sollte oder es auch mal scheitern lassen muss. Beide Familien, die, in der ich groß wurde, und die, in der ich ein Kind großziehe, sind sich in diesen Punkten nicht immer einig. Woran liegt das?

Meine Eltern, die dem »Glucken« eher kritisch gegenüberstehen und der Auffassung sind, Kinder sollten frühzeitig von der Leine gelassen werden, brachten ihre eigenen Biografien mit in die Familie, die sie gründeten. (So wie das bei meiner Frau und mir heute zwangsläufig ebenfalls ist.) Man kann sich gar nicht dagegen wehren, jeder ist Kind seiner Zeit, und diese Biografien prägen eben auch unsere Vorstellung von Erziehung. Meine Eltern entstammen einer Generation, die unmittelbar nach Ende des Zweiten Weltkriegs aufwuchs. Es gibt heute viele Bücher und Filme über jene Kinder, die noch die Trümmerbahn durch die Stadt fahren sahen und in Bombenruinen Räuber und Gendarm spielten und ihre Eltern im Alltag eher selten zu Gesicht bekamen.

Die Fünfzigerjahre werden heute sehr ambivalent wahrgenommen. Zum einen waren es die Anfangsjahre einer Demokratie mit freiheitlicher Verfassung, die eine direkte Folge des und Antwort auf den Nationalsozialismus war. Ein befreites Land, das einen beachtlichen Wirtschaftsaufschwung erlebte, dessen Einwohner aber lange noch nicht befreit waren von den Kriegserlebnissen und von den Schuldgefühlen wegen der unfassbaren Verbrechen vieler Deutscher. Sie waren traumatisiert von den Erfahrungen einer zwölfjährigen Diktatur, die die ganze Welt in eine Katastrophe geführt hatte. Diese Jahre werden von vielen Menschen, die damals Kinder waren, als sehr brutal geschildert; mein Vater erlebte auf den damals so typischen Kinderlandverschickungen und in katholischen Kinderheimen als nicht einmal Zehnjähriger Züchtigungen, die so widerlich und verstörend sind, dass ich sie hier nicht wiedergeben mag. Meine Mutter erzählt, dass es sich damals für Kinder überhaupt nicht gehörte, Schwäche zu zeigen. Stattdessen war Härte zu sich selbst ein Wert an sich, und wer in der Schule nicht mitkam, bekam erst Prügel vom Lehrer und anschließend ging's zu Hause rund.

Einer der auflagenstärksten Erziehungsratgeber in den Fünfzigerjahren trug den Titel *Die deutsche Mutter und ihr erstes Kind* und stammt aus der NS-Zeit (noch bis in die Achtzigerjahre war es erhältlich, allerdings unter einem anderen Titel und »bereinigt« von NS-Propaganda). Die Autorin Johanna Haarer, eine Ärztin und glühende Verfechterin des Nationalsozialismus, empfahl Eltern, ihre Säuglinge schreien zu lassen und sie auf keinen Fall mit zu viel Liebe und Zärtlichkeit zu verwöhnen. Erst mit den gesellschaftlichen

Umwälzungen durch die sogenannten 68er begann körperliche Züchtigung in der Erziehung hinterfragt zu werden; in Deutschland wurde sie im Jahr 2000 gesetzlich verboten: Durch die Verschärfung des § 1631 BGB haben Kinder das ausdrückliche »Recht auf gewaltfreie Erziehung« und »körperliche Bestrafungen, seelische Verletzungen und andere entwürdigende Maßnahmen sind unzulässig«.

Es lässt sich nicht belegen, ob sich das Unvermögen vieler Eltern in der Nachkriegszeit, Liebe und Geborgenheit zu vermitteln, damit zusammenhängt, dass ihnen in einer faschistischen Diktatur lange Zeit genau diese Fähigkeiten auf das Perfideste ausgetrieben wurden; die wissenschaftliche Forschung ist an diesem Punkt uneins. Mir ist es jedenfalls fast unmöglich, meinem Kind mit Härte und Strenge zu begegnen. Ja, ich bin in dieser Hinsicht oft auch nicht konsequent. Regelmäßig sage ich zu meinem Sohn: »Wenn du jetzt nicht aufhörst, dann ...« Und dann hört er nicht auf, und alles, was ich nach »dann ...« angedroht habe, tritt natürlich nicht ein.

Mit dieser Inkonsequenz mache ich mich gemäß des seit den Fünfzigerjahren herrschenden erziehungswissenschaftlichen Diskurses schuldig. Nicht, weil es nicht möglich ist, hart durchzugreifen, sondern weil heutige Eltern nicht mehr Willens dazu seien, Grenzen zu ziehen und Regeln aufzustellen. Moderne Eltern gelten als zu nachgiebig, können angeblich nicht loslassen und als Folge daraus fehlen ihnen die Autorität und die Durchsetzungskraft.

Ich gebe zu, Konsequenzen anzudrohen und sie anschließend nicht durchzusetzen, untergräbt insofern meine eigene Glaubwürdigkeit, als dass unser Sohn dadurch lernt, dass sein Papa nicht immer zu seinem Wort steht. Andererseits kann er sich darauf verlassen, dass ich ihm nichts antun werde, das ihm wehtut oder traurig oder wütend macht. Ist das so verkehrt?

Nicht konsequent zu sein, heißt es, sei Gift bei der Erziehung. Und viele Eltern mischen dieses Gift munter bei. Nicht nur in solchen hilflosen Wenn-dann-sonst-Konstrukten, wenn mir gerade nichts Besseres einfällt, um meinen Nachwuchs zu bändigen, sondern genauso – und das ist meiner Meinung nach viel schlimmer –, wenn wir den Kindern das Tablet verbieten und uns selbst gleichzeitig die ganze Zeit unser Smartphone vors Gesicht halten. Oder wenn wir das Tablet erst verbieten, dann aber doch erlauben, damit wir uns in Ruhe noch weiter unser Smartphone vors Gesicht halten können.

In solchen Fällen stimme ich zu und halte Konsequenz für extrem wichtig, weil es um eine prinzipielle Regel geht, an die sich in einer Familie alle halten sollten. Und weil es von Respekt zeugt, wenn ich selbst nicht tue, was ich meinen Kindern verbiete. Denn: Warum wollen wir denn nicht, dass unsere Kinder auf ihren Handys und Tablets herumdaddeln? Weil es ihre ganze Aufmerksamkeit frisst, sie sich immer mehr mit den virtuellen Inhalten beschäftigen als mit anderen Dingen und weil der Griff zum Smartphone immer häufiger kommt, um ja keine Social-Media-Nachricht, keinen Post, keinen Snap zu verpassen. Mal ehrlich – sieht es bei uns etwa anders aus? Wie oft bekommen Kinder heute ein »Gleich!« oder auch nur »Hm?« zu hören, weil Papa oder Mama gerade von den Dingen, die sich auf ihrem Display abspielen, abgelenkt sind? In diesem Fall bedeutet Konsequenz also: Bildschirmfreie Zeiten gelten für Groß und Klein.

In anderen Situationen ist mir strikte Konsequenz jedoch zu diktatorisch, weil sie keine Rücksicht darauf nimmt, wie sich die Dinge entwickeln. Warum soll ich meinen Sohn zum Beispiel ins Bett schicken, wenn er plötzlich ein überzeugendes Argument hat, noch nicht ins Bett zu müssen? Hunger zum Beispiel. Kein Kind soll hungrig zu Bett gehen, also brate ich ihm um neun Uhr abends ein Schnitzel, wenn es sein muss. Auch wenn ich eine Stunde vorher am Abendbrottisch noch gesagt habe: »Wenn du jetzt nichts isst, gibt es nachher nichts mehr.« Ja, er lernt daraus, dass sein Papa nicht so streng ist, wie er tut, und ich? Ich lerne, dass man Konsequenz nur in den Raum stellen sollte, wenn man hundertprozentig sicher ist, dass man nachher auch konsequent bleiben wird. Wenn ich nicht streng sein möchte, dann muss ich es beim nächsten Mal eben andersherum probieren. Beim nächsten abendlichen Hungerstreik werde ich sagen: »Iss lieber jetzt etwas, dann muss ich dir später nicht noch ein Schnitzel braten und habe mehr Zeit zum Vorlesen.« Aus einer Bestrafung ist eine Belohnung geworden, uns beiden geht es besser damit. Win-win-Situation.

Davon abgesehen fände ich es interessant, mal die ganzen Anweisungen und Aufforderungen zu hinterfragen, die ein Kind den lieben langen Tag zu hören bekommt. »Zieh deine Schuhe an« oder »Putz dir die Zähne« mögen noch nachvollziehbar sein, wie viele Anliegen an unsere Kinder formulieren wir jedoch aus egoistischen Motiven heraus? Klar brauchen Kinder ausreichend Schlaf und sollten daher zu einer vernünftigen Zeit ins Bett gehen, aber wie oft kommt es vor, dass wir sie ein paar Minuten früher drängen als nötig und ungeduldig werden, wenn sie trödeln? Weil wir nämlich, so sehr wir unsere Kinder auch lieben, nach einem langen Tag doch unsere Papa-und-Mama-Zeit für uns allein genießen. Und der Wunsch nach einer Pause ist verständlich, wenn man den ganzen Tag das Beste für sein Kind gewollt hat. Vielleicht hilft es in solchen Situationen, wenn man sich den eigenen Wunsch bewusst macht und einen Kompromiss mit dem Kind findet. Zum Beispiel: »Ich bin sehr müde und würde mich gern für mich allein ausruhen. Wenn du dich leise in dein Bett setzt, darfst du noch ein Buch ansehen.«

Genauso könnte es funktionieren: »Wenn du mich in Ruhe meinen Kaffee austrinken lässt, dann komme ich gleich und spiele mit dir Lego.« Oder: »Wenn du mir hilfst, den Tisch abzuräumen, kann ich gleich noch mit dir malen.« Die Möglichkeiten sind grenzenlos, und in solch partnerschaftlichen Wenn-dann-Konstrukten fällt das Konsequentsein viel leichter und nimmt zugleich das Kind in seinen Bedürfnissen ernst.

Überhaupt hat sich seit den Fünfzigerjahren Erziehung vom autoritären Befehlsempfänger-Verhältnis zum partnerschaftlichen Verbund gewandelt. Die *Neue Zürcher Zeitung* konstatierte bereits im Jahr 2012 zu diesem Thema: »In der Tat hat sich die Beziehung zum Kind durch die Idealisierung der Elternliebe verwandelt. Das Kind ist zu einem narzisstischen Objekt geworden, das den Eltern durch seine Perfektion Wert verleiht und ihre Existenz rechtfertigt.«[7] Kinder sind heute ein Schaustück der Selbstoptimierung? Wie bitte?

Mich erinnern solche Vergleiche an die typische Verurteilung der nachfolgenden Generationen durch die jeweils ältere als verweichlicht statt zupackend, als egomanisch statt solidarisch, die ja insofern angreifbar erscheint, weil mindestens seit Adam und Eva über die alten Griechen bis hin zu Martin Luther immer wieder artikuliert wurde, dass den Jüngeren in mannigfaltiger Hinsicht der Schneid fehle. Wäre diese Theorie richtig, wäre dieser Planet heute ziemlich wüst und leer. Ich behaupte: Eine Elterngeneration MUSS die nachfolgende insofern kritisieren, als dass sie sich sonst ihre eigenen Fehler eingestehen und sich damit auseinandersetzen müsste. Wir Kinder unserer Eltern machen ja gerade das in der Erziehung anders, was uns bei unseren eigenen Eltern missfiel. Wie wir mit unseren Kindern umgehen, ist in seinen Unterschieden sozusagen ein Gegenspiegel zu dem Verhalten unserer Eltern uns gegenüber. Wer also feststellt, dass wir eine gesteigerte Fürsorge und Aufmerksamkeit leben und sich dabei eingesteht, dass das den Kindern sogar gut tut, der muss mit der Schuld leben, das eigene Kind vernachlässigt zu haben. Da ist es leichter, mit dem Finger auf heutige Eltern zu zeigen und deren Methoden anzukreiden. Vielleicht spielt sogar Neid eine Rolle. Neid, weil unsere Kinder ein so gutes Verhältnis zu ihren Eltern haben, wie unsere Eltern das zu ihren nie hatten.

Wenn ich heute Fotos sehe von meinen Eltern, als sie so alt waren wie ich heute, stelle ich fest, dass sie wesentlich erwachsener wirken als ich. Ich kleide mich oft noch so wie in Studententagen (und man darf sich durchaus fragen, ob Basecap, kurze Cargohosen und Turnschuhe für einen Mittvierziger mit der Menschenwürde vereinbar sind). Der Vergleich zeigt, dass wir heute unsere Jugend ausweiten. Der Trend (oder Zwang?), das Jungsein zum Lebensideal zu erklären, wird oft mit der heutigen Leistungsgesellschaft in Zusammenhang gebracht, weil man als junger Mensch angeblich leistungsfähiger sei; jedes zusätzliche Fältchen bedeutet daher einen Marktwertverlust. Zumindest auf mich bezogen hat mein – nun ja – juveniles Erscheinungsbild eher mit Bequemlichkeit zu tun. Da ich jedoch bei vielen Gleichaltrigen einen ähnlichen Kleidungsstil feststellen kann, muss es einen übergeordneten Grund geben, und da finde ich die These des Soziologen Stephan Lessenich[8] überzeugend, dass wir unsere Jugend heute gar nicht ausweiten, sondern sie durch eine entsprechende Lebensführung an die längere Lebenserwartung anpassen. Das würde erklären, warum meine Oma und mein Opa früher ganz anders aussahen (nämlich klassisch mit grauen Haaren und Tabakpfeife respektive Küchenschürze) als die Großeltern, die mein Sohn heute hat. Die gehen nämlich als zehn bis 15 Jahre jünger durch und sind im Sportverein.

Es ist paradox. Obwohl wir heute stöhnen, wir hätten zu wenig Ruhe und alles werde immer stressiger, steht uns faktisch mehr Lebenszeit zur Verfügung. Während die Elterngeneration vor uns, geboren in den Vierziger- und Fünfzigerjahren, sich viel schneller mit Fragen nach dem richtigen Beruf, dem richtigen Partner und der richtigen Wohnzimmerausstattung befassen – also kurzum früher erwachsen werden – musste, hatten wir genug Zeit (und durch unsere Eltern in vielen Fällen auch die Mittel dafür), uns erst mal auszuprobieren. Ein Jahr Weltreise, viermal Studiengangwechsel, 15 Partner und unzählige WG-Zimmer und Eineinhalbzimmerwohnungen, bis irgendwann alles darauf hinauslief, mit dem richtigen Partner am richtigen Ort eine richtige Familie zu gründen. Da war man halt schon älter als dreißig.

Seit den Fünfzigerjahren steigt das Durchschnittsalter, in dem Menschen Eltern werden, jährlich an; heute liegt das Mittel bei 31,2 Jahren[9], vor sechzig Jahren waren es noch 24 Jahre[10]. Und wenn man immer mehr Zeit hat, sich auf ein Kind vorzubereiten, will man erst recht vermeiden, am Ende als diese typischen Trottel-Eltern dazustehen, die davon ausgegangen sind, das Leben würde mit Kind weitergehen, als wäre nichts geschehen (und die es dann nicht fassen können, wenn sie mit ihrem schreienden Baby nachts mehrere Stunden durch die Stadt fahren müssen, weil der Säugling nur im Kindersitz und bei Motorgeräuschen mit dem Heulen aufhört und einschläft). Natürlich sind wir älteren Eltern auf das alles vorbereitet; wir haben ja nicht nur genug Zeit gehabt, sondern sind qua Lebenserfahrung bereits vernünftiger geworden, als es Zwanzigjährigen überhaupt möglich ist. In unserem Regal stehen alle relevanten Bücher über akute Kinderkrankheitssymptome, wir haben einen Erste-Hilfe-Kurs für Babys absolviert und der Wickeltisch verfügt rundherum über ein Schutzgeländer, damit wirklich nichts passieren kann. Alles andere könnte man sich nicht verzeihen – man wusste ja um die Gefahren.

Vielleicht ist das der springende Punkt bei der Frage, warum ich der Vater wurde, der ich heute bin. Ich bin sehr aufgeklärt darüber, was gut für ein Kind ist und was nicht. Darüber hinaus bringe ich meine Biografie mit. Ich habe in der Kindheit so viele Freunde gehabt, deren Eltern in ihrem Leben keine Rolle spielten, weil es ihnen entweder an Interesse oder an Zeit mangelte (bei Dierk Knüllenstedt war es eine Kombination aus beidem). Ich habe die Kälte in vielen Familien erlebt; Väter, die nach der Arbeit von ihren

Kindern nicht angesprochen werden durften (»Papi muss sich erholen, stör ihn nicht«), und Schulfreunde, mit denen zu Hause ausschließlich die Fernsehansager im Abendprogramm sprachen. Und Kinder, die mit ihrer vielen Zeit einfach nichts anzufangen wussten.

Ich will jede Minute meiner freien Zeit für meinen Sohn da sein (zumindest so lange bei ihm eine konkrete Nachfrage besteht), und ich bin mit diesem Wunsch keine neue Mutation. Die Väter in meinem Freundeskreis denken überwiegend dasselbe: Es macht Spaß, mit seinen Kindern zusammen zu sein, und sie alle haben das Gefühl, dass sich die Kinder gut entwickeln, wenn sie wissen, dass jemand da ist, der sich auf sie freut. Die Mehrheit der Väter in Deutschland wünscht sich laut des »Väter-Barometer 2016« des Bundesministeriums für Familie, Senioren, Frauen und Jugend mehr Zeit für ihre Kinder und dafür weniger Arbeit – bei den 18- bis 29-jährigen Vätern sind es sogar knapp siebzig Prozent. Wer sagt jetzt noch: Früher war alles besser?

Kinder wollen und dürfen in ihren Bedürfnissen und Meinungen ernst genommen werden. Ein altersgerechtes Mitspracherecht schadet ihnen nicht, sondern erzieht sie zu selbstbewussten, entscheidungsfreudigen Menschen, die sich wertgeschätzt fühlen, für ihre Belange eintreten und in der Lage sind, Kompromisse einzugehen.

3. Die ewige Angst vor der Angst

Oder: »Du verunsicherst das Kind doch nur«

Genauso wie wir uns täglich über unsere Kinder freuen, etwa wenn wir mit ihnen spielen, wenn sie uns mit ihren Gedanken überraschen, wenn sie sich auf unserem Schoß breit machen und zeigen, wie wohl sie sich in diesem Moment fühlen, genauso spüren wir auch täglich die Angst um sie. Das gehört zum Elternsein: das Beste zu wollen und die Sorge, das Beste nicht bieten zu können. Oder schlimmer noch: seine Kinder nicht beschützen zu können.

Angst ist ja erst einmal etwas Überlebenswichtiges, ein Schutzmechanismus, der uns aufmerksam macht gegenüber den Gefahren, die drohen können. Ohne Angst wäre die Menschheit längst ausgestorben – das klingt auf absurde Weise beruhigend. Es gibt wissenschaftliche Untersuchungen, die zeigen, dass die sogenannten Alphatiere, also die besonders mutigen und unerschrockenen Exemplare einer Gattung, zwar die beste Voraussetzung zum Überleben mitbringen, denn wer immer vorangeht, findet auch als Erster die besten Futterplätze. Allerdings verringert sich aus genau diesem Grund gleichzeitig die Lebenserwartung von Alphatieren dramatisch, weil sie als Voranschreitende auch die Ersten sind, die Gefahren begegnen, deren erfolgreiche (oder nicht erfolgreiche) Bewältigung die nachschreitende Herde unter Livebedingungen beobachtet, sodass sie entsprechend reagieren kann. Erst mal schauen, ob das gut geht da vorne, ansonsten nehmen wir die andere Richtung. Für Alphatiere gilt dagegen: Alles oder nichts. Sie sind die am besten Ernährten, körperlich Fittesten und damit die Wehrhaftesten. Hilft nur nichts, wenn man irgendwann doch in den Abgrund stürzt, weil der Ast über der Schlucht einen Tick zu morsch war.

Wenn es in diesem Kapitel um Angst geht, dann kommt man nicht umhin, den Kern dieser Angst beim Namen zu nennen. Alle Eltern tragen ihn im tiefsten Inneren in sich, wie cool, unerschrocken und unbeschwert sie auch mit ihrem Kind an der Hand durch das Leben im Jahr 2019 schreiten. Es geht um diese kaum auszusprechende Angst davor, sein Kind für immer zu verlieren.

Die Eltern vor dreißig, vierzig Jahren werden nicht grundsätzlich anders gefühlt haben, aber das Thema ist heute längst nicht mehr so tabuisiert wie damals – über Gefühle wurde einfach nicht gesprochen. Halten wir an diesem Punkt also fest: Auch wenn ständig Bezeichnungen wie Überbehütung, Überängstlichkeit, Überfürsorge auf uns einprasseln und irgendwo wieder gesagt wird, heutige Eltern würden ihre Kinder durch ihre eigenen Unsicherheiten zu lebensfremdelnden Wesen machen, ist Angst erst mal ein grundsätzlich okayes Gefühl. Eltern sollten sich dessen immer wieder vergewissern und nicht dauernd den auch mir bekannten Gedankenpfad einschlagen: 1. Verdammt, jetzt bin ich wieder ängstlich. – 2. Alle spüren es. – 3. Mein Kind erst recht … und hat nun ebenfalls Angst. – 4. Ich bin eine schlechte Mutter / ein schlechter Vater.

Wie schlecht Eltern sein können, wird uns ja ausschweifend in der Literatur über das Phänomen der Helikopter-Eltern erzählt. Und wer bleibt unberührt davon, wenn er in dieser Fülle liest, dass heutige Eltern viel zu ängstlich seien, ihnen die Unbekümmertheit fehle, sie ihre Kinder verunsicherten? Und dass ihre Kinder später Probleme haben werden, Vertrauen in sich und die Umwelt zu fassen, wenn die eigenen Eltern schon kein Vertrauen ins Leben haben. Wenn die wichtigsten Bezugspersonen eine Selbstsicherheit ausstrahlen wie Beaker aus der *Muppet Show* (das ist der aufgescheuchte Laborassistent mit den roten Haaren und den Tischtennisballaugen), dann untergräbt das jenes natürliche Urvertrauen, dass Vati und Mutti einen aus jeder gefährlichen Situation rausboxen werden. Es ist wissenschaftlich belegt, dass es ausreicht, wenn Mutter nur »Pass auf, du fällst!« ruft, um das Risiko zu erhöhen, dass das Kind gerade aus diesem Grund fällt. Aber Eltern, die aus Angst, Helikopter-Eltern zu sein, ihre tatsächlichen Gefühle unterdrücken – handeln die dadurch gesünder und förderlicher? Spüren ihre Kinder dann nicht genauso, dass sie gar nicht authentisch sind?

Das Unterdrücken von Gefühlen haben gerade wir Männer noch tief in uns verankert. Ich bin in einer Zeit aufgewachsen, in der Gefühlezeigen ein reines Genderthema war, und bei dieser Frage hatten es die Mädchen eindeutig leichter – die durften. Jungs dagegen weinten nicht. Stattdessen galt: Indianerherz kennt keinen Schmerz. Jahrzehntelang herrschte dieses Männerbild vor, erst langsam ändert sich das. Der Psychologe Björn Süfke sagte in einem Zeitungsinterview, dass Väter, die in den Fünfzigerjahren bei der Geburt ihres Kindes geweint haben, als Weicheier galten.[11]

Bin ich also heute ein Weichei, wenn ich meine Ängste zeige? Oder ist es nicht gerade ein Zeichen von Stärke, dass ich mir dieses Gefühl eingestehe und meinen Sohn wissen lasse: Wenn du drei Treppenstufen auf einmal nimmst, dann habe ich Angst um dich (und Angst zu haben ist in Ordnung – sogar Papas haben manchmal Angst).

Die Dosis macht das Gift: Ich möchte natürlich nicht, dass mein Sohn von früh bis spät im Minutentakt das Gefühl hat, ich fürchtete um sein Leben. Trotzdem bin ich auch nicht gleich ein durchgeknallter Helikopter-Vater, wenn ich mich dagegen entscheide, meinen Sohn zum Beispiel allein im Park spielen zu lassen.

Genau diese Frage, ob Eltern ihre Kinder allein in einen Park gehen lassen würden, haben in einer Umfrage des Meinungsforschungsinstituts You.gov aus dem Jahr 2015 übrigens mehr als drei Viertel der Eltern verneint. Insgesamt kam die Studie zu dem Ergebnis, dass heute die meisten Kinder wesentlich behüteter aufwachsen als noch vor zwanzig Jahren. Sind wir alle plötzlich hochneurotisch geworden? Nein, wir haben heute lediglich ein ganz anderes Verantwortungsgefühl für unsere Kinder.

In den Siebzigerjahren berichteten die großen Leitmedien wie *ZEIT* und *Spiegel* über ein neues Phänomen: Immer mehr Kinder und Jugendliche liefen damals von zu Hause weg, und die Ausreißer beschäftigten ganze Sonderkommissionen von Polizisten.[12] Nicht alle von ihnen flüchteten aus prekären Verhältnissen, viele trieb die pure Abenteuerlust aus dem Haus und sie vergaßen, Bescheid zu geben, dass sie noch beim Nachbarkind waren, während Mutter und Vater tränenaufgelöst auf dem Polizeirevier saßen. Ich erinnere mich an viele solcher Vorfälle, die allerdings nicht weiter der Rede wert waren. Am Ende setzte es ein Donnerwetter und dann war wieder alles gut.

Auch wenn es keine verlässlichen Zahlen gibt, die belegen, dass heute weniger Kinder vermisst werden als vor vierzig Jahren, glaube ich, dass heute deutlich weniger Kinder verschwinden, ohne den Eltern Bescheid zu geben. Ihnen fehlen ganz einfach die Möglichkeiten dazu - noch mal die You.gov-Umfrage: Früher erlaubten achtzig Prozent der Eltern ihren Kindern, nachmittags unbeaufsichtigt in der Nachbarschaft zu spielen, heute lässt das nur die Hälfte noch zu. Als im September 2018 in Hamburger Stadtteil Eppendorf ein Fünfjähriger aus einer Kita verschwand, kreisten mehrere Hubschrauber am Himmel, im Radio wurde berichtet und die *Hamburger Morgenpost* räumte ihre Homepage frei für diese Meldung. Ich bin mir sicher, dass anno 1975 das gleiche Ereignis aus Relevanzgründen keine einzige Meldung wert gewesen wäre.

An mir selbst beobachte ich, dass es oft eine Frage der Tagesform ist, wie viel Freiheiten ich meinem Kind einräume, und manchmal erlebe ich eben Tage, an denen ich ihn am liebsten an mich ketten würde. Ich glaube, vielen Eltern geht es genauso wie mir, aber niemand traut sich wirklich, das eins zu eins zuzugeben. Es ist schon interessant: Die Masse der Eltern ist heute viel achtsamer und vorsichtiger, und trotzdem stellt sich niemand hin und gibt zu, dass er oder sie Angst um das eigene Kind hat - könnte ja jemand sagen: Helikopter-Alarm! Mache ich also mal den Anfang. Jeder soll jetzt bitte selbst prüfen, ob er das, was ich im Folgenden schildere, für übertrieben ängstlich hält. Ich kann jedenfalls schwören, dass es meine authentischen Gefühle sind.

Den ersten Moment meiner täglichen Angst um das Leben meines Kindes erlebe ich beim Frühstück. Mein Sohn stopft und schlingt hingebungsvoll und erzählt mir dabei mit Wonne, welche Figuren er sich aus dem aktuellen Lego-Katalog zum Geburtstag wünscht (viele), welche er sich nicht wünscht (wenige), wie man beim Fußball den Torwart täuscht (nach links gucken und nach rechts laufen) und was er heute auf gar keinen Fall in der Kita essen wird (die komische grüne Soße, die so schillert). Während er das alles mitteilt, sterbe ich mehrmals, weil er das Salamibrot im Ganzen in den Mund schiebt und die Apfelstücke aus dem Müsli gleich hinterher.

Die Zahl der Kinder, die durch Ersticken ums Leben kommen, hat sich in den vergangenen Jahren drastisch verringert. Im Jahr 2015 starben auf diese Weise in Deutschland 28 Kinder,[13] 2001 waren es noch 78.[14] Die Produkte werden immer sicherer, für Eltern gibt es mittlerweile ein großes Präventionsangebot und dank des medizinischen Fortschritts können Kinder auch nach einer längeren Dauer kompletten Sauerstoffabschnitts zurück ins Leben geholt werden.

Am Frühstückstisch beruhigt mich das jedoch nicht, auch deswegen, weil ich eine Szene aus meiner eigenen Kindheit in Erinnerung habe, als mein Bruder beinahe durch ein Stück Schnitzel (Wiener Art) ums Leben gekommen wäre. Mir ist bewusst, dass durch gefahrloseres Portionieren (Rührstab, Fleischwolf) meine Angst schwinden würde, gleichzeitig würde mein Sohn davon nie lernen, abzubeißen, durchzukauen und erst dann runterzuschlucken. Was das für Folgen haben kann, weiß ich von meiner Schwägerin, die Lehrerin in Athen ist. In Griechenland, muss man wissen, pflegen gerade die Mütter ein Verhältnis zu ihren Kindern, das deutsche Helikopter-Mamis aussehen lässt wie lupenreine Rabenmütter. Dazu gehört es, dass Nahrungsmittel weit bis ins Teenageralter ausschließlich in extrem mundgerechten Einheiten serviert werden. Die Konsequenz trägt am Ende meine Schwägerin, die schon mehrmals den Notruf wählen musste, weil wieder ein Schüler, dessen Speiseröhre das erste Mal in ihrem Leben mit einem zusammenhängenden Stück Fleisch Bekanntschaft machte, in der Schulkantine röchelnd am Boden lag. Ich lernte daraus: Es muss einen Mittelweg geben und der sieht in meinem Fall wie folgt aus: Er darf große Happen Fleisch/Kartoffeln/Brot essen, aber ich lasse ihn keine Millisekunde unbeobachtet, was wiederum meine Besteck-Mund-Koordination trainiert.

In diesem Fall helikoptere ich also nur latent (würde jedoch – und das ist entscheidend! – niemals andere Eltern verurteilen, die ihren Kindern das Brot in mundgerechte Brocken schneiden), und lasse es zu, dass unser Sohn schon frühzeitig Marmeladenbrötchen im Ganzen zu sich nimmt, während ich mir heimlich den Angstschweißfilm von der Stirn wische. Das könnte ich auch lassen, denn schon kurze Zeit später, wenn wir die Wohnung verlassen, bildet sich ein neuer.

Wir wohnen ganz oben, und das Treppenhaus ist sehr großzügig geschnitten. Die Steintreppen ziehen sich wie in einer Rotunde nach oben und lassen in der Mitte weiten Raum bis hinunter ins Erdgeschoss. Selbst Reinhold

Messner würde schwindlig werden, wenn er sich vor unserer Wohnungstür über das Treppengeländer nach unten beugen würde. Es sollen sich zwischen drittem und viertem Geschoss auch schon mal Wolken gebildet haben, so hoch ist es. Für mich ist es unerträglich, wenn mein Sohn wie üblich im Schlusssprung drei Stufen auf einmal nimmt, und unsere Nachbarn fallen regelmäßig aus den Betten, wenn ich die geschätzten zwei Millionen Stufen nach unten morgens um halb acht wie folgt begleite: »Vorsicht! – Pass auf! – Nicht springen! – Guck! Nach! Vorne! – Nach vorne! – NACH VORNE!!!«

Wenn es um das Thema Eltern und Überängstlichkeit geht, dann zitieren die Medien gern Fälle aus dem asiatischen Raum, wo das Sicherheitsbedürfnis der Eltern ihren Kindern gegenüber absurde Ausmaße annehmen soll. *Die Welt* berichtet von Mamas, die ihre Kinder am Laufen lernen hindern und sie ausschließlich mit dem Auto fortbewegen; der *Spiegel* zeigt chinesische Eltern, die auf Feldbetten in Unis schlafen, weil sie ihre Kinder während der Aufnahmeprüfungen nicht allein lassen wollen; und mir ist tatsächlich ein Fall aus dem näheren Bekanntenkreis bekannt, wo ein Elternpaar ihren dreijährigen Sohn nur dann durch das Haus rennen lässt, wenn er vor dem Bauch, am Rücken und am Kopf dicke Kissen trägt, die dort mit Gürteln fixiert werden. Ist das lächerlich? Wenn ich an unser Treppenhaus denke, finde ich das überhaupt nicht lächerlich, und das meine ich ganz ironiefrei.

Wenn ich mir nicht doch ein wenig blöd dabei vorkäme und nicht vermeiden wollte, dass mein Sohn von anderen Menschen schräg und bemitleidend angesehen wird, würde ich die Kissen sogar so lange dranlassen, bis wir die Kita erreicht haben, denn an jeder Ausfahrt, an jeder Ampel, wirklich an verdammt jeder Ecke lauern heute Gefahren, die es in der selig-verkehrsärmeren Vergangenheit einfach nicht gab. Natürlich fuhren Autos, aber wer damals den Motor startete, fuhr auch wirklich einfach nur los – und stöpselte nicht gleichzeitig sein Headset ins Ohr und programmierte nebenbei noch schnell das Navi (typisches Ausfahrtsphänomen unserer Zeit: nicht nach links und rechts gucken, sondern auf das Tastenfeld des Navi-Monitors). Es gab noch keine gestressten Paketboten, die ihre Sackkarren mit meterhohem Amazon-Prime-Plunder wie wild über den Bürgersteig schieben und alles niedermähen, was ihnen nicht bis zur Hüfte reicht. Und es gab noch keine Radfahrer mit Bremsphobie, die auch Kleinkinder gnadenlos wegklingeln (bei guter Laune) oder anschreien (bei schlechter Laune – also fast immer), wenn diese nur in die Nähe des Radweges geraten. In Regionen, in denen das Fahrradwegnetz noch schlechter ausgebaut ist als in Hamburg, fahren die übel launigen Radfahrer übrigens auf dem Bürgersteig, weil ihnen der Verkehr auf der Straße zu krass ist. Und auch dann werden Kinder beiseite geschimpft, wenn sie es wagen, im Zickzackkurs über den Gehweg zu hüpfen. Wer das Videospiel Donkey Kong noch kennt, bekommt ganz gut illustriert, wie der tägliche Hindernisparcours aussieht, den ich mit meinem Sohn absolviere: Ständig rollt uns etwas zwischen die Beine, und wenn wir zur falschen Seite springen (vierspurige Straße), droht kompletter Lebenspunkteabzug.

Sobald das Kind abgegeben ist, beginnt die Zeit der indirekten Todesängste. Man hat nun keine Kontrolle mehr, was es ähnlich wie bei Flugangst noch viel schwerer macht, die Angst zu bekämpfen. Man kann rein gar nichts ausrichten, was einen erst recht zu aktionistischen Handlungen treibt, die im Prinzip völlig irrational sind. Schon die Frage, ob meine Frau und ich stets telefonisch erreichbar sind, falls doch mal was sein sollte, führt unweigerlich zu einem Gefühl ständiger Besorgnis. Klar haben wir unser Handy stets in Reichweite. Aber ist der Akku auch voll? Der Klingelton gut hörbar? Hat die Kita die neue Nummer oder noch die alte? Kein Zahlendreher, als man sie der Bürokraft durchgegeben hat? Hat man vielleicht nicht deutlich genug gesprochen? Null und neun sind ja immer ganz gefährlich, zwei und drei kann man am Telefon ebenfalls leicht verwechseln. Lieber noch mal anrufen und fragen, ob die Kita die richtige, neue, zahlendreherfreie Nummer im System gespeichert hat? Wobei – wäre es nicht besser, sie würden sie auch noch irgendwo hinschreiben, mit Stift und Zettel? Falls doch mal ein Stromausfall ... Virus ... Herrgottnochmal.

Solche Gedankengänge plagten mich wirklich, ein permanentes Stressgefühl, bis mich ein Arbeitskollege fragte, warum ich mich meinem Smartphone unterwerfe. Und er hatte noch einen klugen Hinweis: Sorgen ergeben nur dann Sinn, wenn sie durch eine konkrete Handlung behoben werden können. Wer sich um seine Gesundheit sorgt, geht am besten zum Arzt. Wer sich hingegen davor fürchtet, im Falle, dass etwas passiert, nicht erreichbar zu sein, hat es schwerer mit einer zielorientierten Handlung.

Irgendwann beschlossen meine Frau und ich, uns nicht mehr verrückt zu machen und das Handy alle zwei Sekunden dahingehend zu checken, ob wir eventuell einen Anruf der

Kita verpasst hatten. Ich erinnere mich noch gut an den Tag, als ich das Handy bewusst in der Schreibtischschublade ließ und mit meinen Kollegen zu einer ausdauernden Mittagspause an den Hafenrand aufbrach, während meine Frau sich in einem Café mit einer Freundin traf und schon aus Höflichkeit ihr Smartphone demonstrativ ausschaltete. Auf dem Nachhauseweg schaltete sie es dann wieder an und bemerkte, dass die Kita eine Sprachnachricht hinterlassen hatte. Unser Sohn hatte eine tiefe Kopfplatzwunde; ob jemand von uns schnell kommen könne, da er ins Krankenhaus müsse und nicht allein im Rettungswagen liegen wolle.

Nun, er musste nicht allein fahren – eine Erzieherin begleitete ihn schließlich, tröstete ihn liebevoll und büßte dabei ihre weiße Bluse ein, die unser Sohn komplett vollblutete. Wenn es einen Moment gegeben hat, in dem unser Sohn seine Eltern sehr gebraucht hätte, dann ist dieser mein Favorit.

Als meine Frau endlich mit zweistündiger Verspätung und völlig verheult im Krankenhaus ankam, saß ich mit den Kollegen noch am Restauranttisch, schaute satt und zufrieden auf die Elbe und war stolz, dass ich mich selbst aus meiner Handyversklavung befreit hatte. Tat das gut. Zumindest bis meine Frau mich aus dem Krankenhaus anrief. Nun habe ich zwei Handys und stelle den Klingelton immer auf volle Pulle, ohne Ausnahme und selbstverständlich auch im Theater – obwohl ich das zugegebenermaßen mehr für mich tue als für meinen Sohn, der keinen bleibenden Schaden davontrug und noch heute stolz von dieser Episode erzählt. Mich beruhigt es jedoch, wenn ich weiß, dass ich jederzeit erreichbar bin, wodurch ich meinen Sohn leichter loslassen kann.

Ich könnte jetzt noch viele weitere Ängste aufzählen, die ich täglich im Umgang mit ihm von früh bis spät ausstehe, von den Momenten auf dem Spielplatz, wenn er kopfüber vom Holzturm hängt, im Supermarkt, wenn er im Slalom durch die Reihen der eisernen Einkaufswagen flitzt, oder wenn er auf dem Balkon mit der niedrigen Brüstung Fußball spielt. Aber ich denke, es ist an dieser Stelle deutlich geworden, was Eltern mit kleinen Kindern täglich durchmachen im urbanen Alltag des 21. Jahrhunderts, der in meiner Wahrnehmung aus viel mehr Verkehr, viel mehr Terminen und – ja – auch viel mehr Menschen besteht als früher.

Ich frage mich in solchen Momenten, ob sich die Welt früher vielleicht doch langsamer drehte oder die Eltern gleichgültiger waren, was das Heil ihrer Kinder anbelangte. Ich erinnere mich an einen Urlaub Ende der Siebzigerjahre an der Nordsee, wir wohnten in einer Ferienanlage, neben uns machten die Schneckenburgs aus der Eiffel Sommerfrische, man lief sich recht häufig über den Weg; meine Eltern und ich immer etwas schneller, weil Frau Schneckenburg neben ihrer Tochter Ingeborg (sie hieß wirklich so) grundsätzlich auch eine Menge Redebedarf mit sich führte. Eines Morgens, wir waren nicht schnell genug, stellte sich uns Frau Schneckenburg in den Weg und erzählte ausführlich, wo in der näheren Umgebung Obst und Gemüse nicht nur besonders billig, sondern auch – gibt's doch nicht! – in hervorragender Qualität zu haben seien. Die Antwort lautete Aldi, und während wir taten, als seien wir erleuchtet, versuchte sich die auf dem Arm der Mutter sitzende Ingeborg aus der robusten Umklammerung zu befreien. Im weiteren Verlauf ging es um die Parkplatzsituation am Deich und die hohe

Kurtaxe, und Ingeborg bekam bei ihrem Fluchtversuch plötzlich Schräglage, kippte erst langsam, dann immer schneller nach vorne. Schließlich verlor sie das Gleichgewicht, fiel kopfüber vom Arm der Mutter und klatschte, immerhin aus einer Höhe von mindestens einem Meter, mit dem Gesicht frontal auf die steinernen Wegplatten. Frau Schneckenburg hob Ingeborg daraufhin recht kommentarlos wieder auf und setzte erneut bei der hohen Kurtaxe an, während ihr das Blut der Tochter über den Arm lief.

Ich schätze, dass Ingeborgs Verletzungen um ein Vielfaches schwerer wogen als die meines Sohnes, der mit seiner Kopfplatzwunde mit Blaulicht ins Krankenhaus gebracht worden war. Deshalb stellt sich mir die Frage: Sind heutige Erzieherinnen einfach fürsorglicher und/oder ängstlicher (oder befürchten eine juristische Klage seitens der Elternschaft), oder ist unser Umgang mit Verletzungen beim Nachwuchs nicht eher der gegebenen Infrastruktur der jeweiligen Zeiten geschuldet? Denn: Der Einsatz eines Rettungswagens ist eine recht junge zivilisatorische Errungenschaft, was die damalige Gelassenheit von Frau Schneckenburg erklären mag. Einen Rettungswagen holte man nur, wenn es um Leben und Tod ging.

Der erste Rettungswagen fuhr in Hamburg im Jahre 1972, und er blieb einige Zeit der Einzige, weil die Zahl seiner Einsätze überschaubar war. 1973 rückte er laut *Hamburger Abendblatt* exakt 1.936 Mal aus. Trotzdem wurden schnell die medizinischen Vorteile der Vor-Ort-Behandlung deutlich, und so wuchs die Rettungswagenflotte jährlich, bis im Jahr 2016 in Hamburg insgesamt 255.000 Rettungswageneinsätze gezählt wurden.

Es ist das gleiche Phänomen wie mit den Handys: Sprang man früher nicht aus jedem Supermarkt in die nächste Telefonzelle, nur um zu Hause anzufragen, ob man lieber Vollkornbrot oder Toast mitbringen soll, fotografiert man heute im Zeitalter von Smartphones die Backwaren im Regal ganz selbstverständlich, um die Daheimgebliebenen an der Entscheidung zu beteiligen. Genauso wählt man heute eben schneller mal die 112, wenn irgendwo Blut fließt, als das noch der Fall war, solange sich die Anzahl der Rettungswagen pro Landkreis an einer Hand abzählen ließ.

Die Emotionshistorikerin Bettina Hitzer vertritt die Ansicht, dass viele Ängste, die Eltern heute plagen, erst durch die mannigfachen Möglichkeiten entstehen, die uns helfen, ein stärkeres Sicherheitsgefühl herzustellen. Als Beispiel führt sie das Smartphone an, mit dem viele Eltern ihre Kinder ausstatten. So praktisch: Das Kind ist immer erreichbar, man kann es sogar per App orten. Früher kam das Kind irgendwann nach Hause, manchmal früher, manchmal später, Hauptsache, es war irgendwann da. Solange es nicht länger als zwei Stunden verschwunden blieb, gab es keinen Grund, gleich vom Schlimmsten auszugehen. Im Umkehrschuss bedeutet das aber auch: Sollte das Kind (etwa aufgrund eines banalen leeren Smartphone-Akkus) plötzlich nicht mehr erreichbar sein, beginnt unweigerlich die Panik, so grundlos sie auch sein mag. Ich erinnere mich an eine Erzählung aus dem Bekanntenkreis, wo der Sohn mit der Mutter ausgemacht hatte, ihr täglich beim Erreichen der Schule eine SMS zu schicken: Bin da, alles gut. Eines Tages vergaß er die SMS und schaltete zu Unterrichtsbeginn das Smartphone aus. Die Mutter entschied nach dieser nervenzerfetzenden

Erfahrung, die Tradition der morgendlichen Mama-ich-lebe-noch-SMS zu beenden.

Wirkten frühere Elterngenerationen aus heutiger Sicht also deshalb so entspannt, weil es noch keine Krankenwagen und Smartphones gab? Wenn man Bettina Hitzer fragt, ob der Eindruck stimme, dass Eltern in den Sechziger- und Siebziger Jahren wesentlich sorgloser und unbekümmerter mit ihren Kindern umgingen, dann stellt sie erst einmal ganz wissenschaftlich fest, dass diese Generation aus heutiger Sicht vielleicht so erscheinen mag, zu jener Zeit jedoch ganz andere Voraussetzungen bestanden. Eltern dieser Generation hatten damals selbst das Gefühl, so aufmerksam und fürsorglich wie keine Generation vor ihr zu sein. Sie hatten ja ganz andere Vorbilder. Das waren die eigenen Eltern, die zwischen 1900 und 1930 ihre Kinder großzogen und die ein ganz anderes Verständnis von Fürsorge hatten. Mit Ausnahme des Bürgertums wuchsen Kinder in dieser Zeit häufig gänzlich unbetreut auf – die Familien waren zumeist groß, Kinder kamen als wichtiger Bestandteil der Altersvorsorge auf die Welt und wurden nicht nur in den prekären Milieus zur Adoption freigegeben, wenn den Eltern die finanzielle Grundlage fehlte. Eine Emotionalisierung des Kindes, die zunehmend den »unbezahlbaren« emotionalen Wert des Kindes betonte, entwickelte sich erst nach und nach; dieser Mentalitätswechsel begann in Deutschland schon im 19. Jahrhundert, allerdings zunächst hauptsächlich in bürgerlichen Kreisen. Zugleich begannen die Geburtenraten zu sinken. Die »Kernfamilie« wurde dann aber erst in den Fünfziger Jahren zum unbestrittenen Ideal – bestehend aus den Ehepartnern und zwei wohlgeratenen Kindern – und erlangte eine Hochblüte.[15] Noch bis weit in die Dreißigerjahre prägten bettelnde Straßenkinder, Ausreißer und Waisen das Bild der deutschen Straßen; die Milieuzeichnungen eines Heinrich Zille aus Berlin, Bildbände über die Wichern-Schule in Hamburg oder Geschichtsbücher über Amalie Sieveking, Mitbegründerin der Diakonie Deutschland, erzählen viel über die Zeiten, als Privatleute sich um verwaiste Kinder kümmerten, weil es der Staat nicht tat.

Fragt man Bettina Hitzer aber, ob wir Eltern heute denn wissenschaftlich belegbar mehr Angst um unsere Kinder haben, dann erzählt sie etwas über die Entwicklung moderner Ängste seit den Fünfzigerjahren, die gar nicht Eltern allein betreffen und die den bereits angesprochenen Widerspruch aufzeigen: Je besser wir für Sicherheit sorgen können, desto mehr Ängste scheinen wir zu entwickeln.

Nach dem Zweiten Weltkrieg verstärkte sich in den westlichen Industrienationen ein Trend, den Bettina Hitzer als »Versicherheitlichung der Gesellschaft« bezeichnet. Als Konsequenz aus den Kriegsjahren erkannten die Politiker damals, dass es in der Bevölkerung ein großes Bedürfnis nach einem Leben in staatlich garantierter Sicherheit gab. Auch der Umgang mit dem Thema Angst wandelte sich langsam. Während es in den Fünfzigerjahren noch als verpönt galt, über eigene Kümmernisse und Sorgen zu sprechen, änderte sich das im Laufe der Zeit allmählich – die Achtziger gelten ja als eine Epoche der öffentlichen Angstmanifestation, vom Waldsterben über die Aufrüstung bis hin zu den Warnzeichen auf Frischmilch-Packungen nach der Reaktorkatastrophe in Tschernobyl. Als einen an dieser Stelle sehr passenden Beleg für den Mentalitätswandel führt Bettina Hitzer die Elternratgeberliteratur der Fünfzigerjahre an: »Angst wurde damals als gefährliche und potentiell schädliche, verstörende Emotion verstanden; Kinder sollten möglichst abgeschirmt werden von Angst erregenden Situationen.« Wenn Kinder keine Angst erleben, dann entwickeln sie auch keine Ängste, lautete die aufgeklärte Erziehungsmaxime.

In dieser Zeit wurde Pippi Langstrumpf berühmt; das unerschrockene Mädchen, das keine Angst vor niemandem hat. Angst sollte kein Problem der Kindheit sein. Erst später sieht man in der Kinderbuchliteratur wieder Ansätze, Angst als etwas zu verstehen, dem man sich stellen muss, um es zu überwinden. Jim Knopf, ein Kind der Sechzigerjahre, erkennt erst bei genauerem Hinsehen, dass der bedrohlich wirkende Riese Tur Tur immer kleiner wird, wenn er näher kommt.

In den Fünfzigerjahren, in denen Angst zu den verdrängten Gefühlen gehörte, verschärfte sich die weltweite Bedrohungslage; aus den USA schwappte die Angst vor Atomraketen nach Deutschland, es wurden Zivilschutzbroschüren verteilt, die den Menschen empfahlen, sich im Fall eines Atombombenabwurfs schnell unter einem Tisch zu verstecken (»duck and cover«). Die öffentliche Debatte über Sicherheit begann in immer größerem Maße geführt zu werden, ihre Instrumente verbreiteten sich zusehends: Parteien, die mit dem Versprechen warben, die Sicherheit ihrer Bürger vor Krieg und Terror langfristig zu garantieren, hatten die Wähler auf ihrer Seite – überall lauerte ja Gefahr. Seit 1964 zeigte Eduard Zimmermann in *Aktenzeichen XY*, was rechtschaffene Bürger in den eigenen vier Wänden erleiden können, wenn täglich das Böse ums Haus schleicht. Die Sendung *Der 7. Sinn* half ab dem Jahr 1966 ihren Zuschauern dabei, ein Risikobewusstsein zu entwickeln für die alltäglichen

Gefahren des Straßenverkehrs. Das Thema Sicherheit breitete sich in alle gesellschaftlichen Bereiche aus, plötzlich gab es in der Politik den Begriff der Arbeitsplatzsicherheit (der psychologisch jedoch überhaupt erst dazu führte, dass selbst in wirtschaftlich stabilen Branchen viele Menschen plötzlich die Angst entwickelten, arbeitslos zu werden).

Ab den Siebzigerjahren entdeckte die Versicherungsbranche einen neuen Markt: Sie bot den Kunden eine Sicherheitsgarantie an, neue Produkte wie Hausratsversicherungen und Haftpflichtversicherungen boomten, der Kunde bekam das Gefühl, vor allen Eventualitäten geschützt zu sein – was ihn erst darauf konditionierte, genau diese Sicherheit infrage zu stellen.

Gleichfalls begannen die Menschen in dieser Zeit, auch ein Gesundheitsbewusstsein zu entwickeln. Die medizinische Forschung nahm nun stärker Zusammenhänge zwischen Ernährung und Gesundheitszustand in den Blick. Bettina Hitzer spricht in diesem Zusammenhang von einem immer ausgeprägteren Risikobewusstsein in der Gesellschaft, je mehr in der Öffentlichkeit über Möglichkeiten größerer Sicherheit gesprochen werde. Erst wenn man um die mögliche Fragilität des Status quo weiß, entwickelt man eine entsprechende Furcht, egal wie statistisch unbegründet sie auch erscheinen mag.

Durch den Contergan-Skandal in den Sechzigerjahren wurde das Thema Medikamentensicherheit zum ersten Mal überhaupt diskutiert. Heute wissen wir, dass jede Form der Medikation bei Schwangeren mit großen Risiken für den Fötus verbunden ist; Gleiches gilt für Alkoholgenuss und Rauchen. Diese Erkenntnisse aber setzten sich erst nach und nach durch. Heute ist die Zeit der Schwangerschaft bei den allermeisten gekennzeichnet durch mannigfache Ängste vor allem der Schwangeren selbst, ihrem Kind durch Fehler in der Lebensführung nachhaltig Schaden zuzufügen. Die Bertelsmann Stiftung ermittelte im Jahr 2015, dass 99 Prozent der werdenden Mütter heute mehr Vorsorgeuntersuchungen in Anspruch nimmt, als überhaupt vorgesehen und empfohlen werden. Und sie sind bereit, dafür viel Geld zu zahlen. Noch in den Achtzigerjahren mussten Krankenkassen Schwangeren finanzielle Anreize bieten, damit sie überhaupt Vorsorgeuntersuchungen besuchten.[16]

Bettina Hitzer sieht die heute von Vorsorgeuntersuchungen und Ratgebern begleitete und dementsprechend sorgenvolle Schwangerschaft als einen Grund, warum Eltern nach der Geburt viel ängstlicher und verunsicherter im Umgang mit ihrem Nachwuchs sind als früher. »Je mehr wir um unsere Kinder fürchten, je mehr Raum die Ängste bekommen und durch unsere Informationsmöglichkeiten genährt werden, desto eher werden sie für uns real. So erstaunlich das auch ist, wenn man sich vergegenwärtigt, dass Familien wahrscheinlich noch nie so sicher und geschützt gelebt haben wie heute.«

Eltern, die ihre Kinder aus einem Angstgefühl heraus mit Kissen vor Ecken und Kanten schützen, sind also eigentlich nur psychologische Opfer all unserer Sicherheitsmaßnahmen. Kann man jemandem vorwerfen, anfälliger für dieses Phänomen zu sein als andere? Ich jedenfalls werde mein Handy wie gesagt auch weiterhin überall angeschaltet lassen. Denn wenn ich mich sicherer fühle, dann tut mein Sohn das auch.

Angst zu haben ist natürlich und legitim. Um zu vermeiden, dass die Furcht ins Bodenlose wächst, sollte man prüfen: Gibt es einen konkreten Auslöser für meine Angst (steile Treppe) oder entspringt sie nur einer Vorsichtsmaßnahme (Ich-bin-gut-angekommen-SMS)?

4. Warum wir heute viel besser auf unsere Kinder aufpassen

Oder: »Wer nicht hören will, muss fühlen«

Wenn meine Frau und ich uns von Zeit zu Zeit lächelnd ins Gesicht schauen, dann empfinden wir nicht nur das schöne Glück darüber, uns einmal gefunden zu haben, sondern sehen auch jede Menge weniger schöne Narben. Viele kleine, etwas größere und ein paar ganz offensichtliche. Bei mir oben an der Stirn, direkt am Haaransatz, prangt eine Wucherung, die je nach Wetterlage eine spezielle Färbung annimmt. Sie stammt aus dem Jahr 1975, Vater und Sohn spielen Flugzeug, Vater schleudert Sohn an Hand und Fuß durchs Kinderzimmer, drei Runden geht es gut, dann kollidiert der Pilot (ich) mit dem Heizkörper. Durch eine Falschbehandlung des damals wachhabenden Notarztes wuchert die Narbe bis heute.

Mein Gesicht trägt noch weitere Spuren einer unbeschwerten Kindheit: Ein kleiner Schnitt am Nasenflügel (um 1980 beim Eisessen gegen irgendeine Wand gelaufen), dazu eine zeitlich unbestimmbare Narbe am Kinn, die aber nur auffällt, wenn ich glattrasiert bin. Meine Frau hat eine Narbe an der Augenbraue (Tennisschläger, Frontaleinwirkung beim Spielen mit dem Cousin im Urlaub in Griechenland, frühe Achtzigerjahre), eine Narbe an der Unterlippe (Sturz vom Tisch als Kleinkind) sowie einen Schnitt an der linken Wange (Herkunft nicht mehr rekonstruierbar).

In meiner Grundschulklasse hatten die meisten Kinder schon früh Entstellungen im Gesicht, wobei Mirjana (Sprung durch geschlossene Terrassentür, Nase aufgeschlitzt) und Steffen (Köpfer durchs geschlossene Fenster, linkes Auge ausgelaufen) nicht nur ein vergleichbares Unfallschicksal erlitten, sondern auch, was den Grad ihrer Versehrtheit anbelangte, von den anderen mit größtem Respekt behandelt wurden. Fast schade, dass ich als Top-Leistung in meiner Sammlung nur eine Verletzung am Hinterkopf erlitt, die mir Ecki Hauser zufügte, als er einmal einen schweren Wackerstein als Staumittel auf die Wasserrutsche legte, die auf unserem sogenannten Abenteuerspielplatz stand, und übersah, dass ich gerade versuchte, mir unterhalb des Abflusses die Haare zu waschen.

Allen hier beschriebenen Unfällen ist gemeinsam, dass keine Erwachsene beteiligt geschweige denn in Reichweite waren, um Schlimmeres zu verhindern. Man muss Kindern ja nicht das ausgelassene Spielen und Toben madig machen, aber ich empfinde es auch nicht als überängstlichen Eingriff in die kindliche Freiheit, wenn ich die Gelegenheit nutze, einen kiloschweren Felsbrocken, der meiner Meinung nach auf einem Spielplatz sowieso nichts zu suchen hat, am Zusammenprall mit dem Kopf eines Sechsjährigen zu hindern.

Mir hängt dieses ganze Gerede über die angeblich so gesund und ausgelassen aufgewachsenen Landkinder zum Hals heraus. 2007 gab es im *Stern* eine große Reportage zu diesem Thema, eingeleitet wurde sie wie folgt: »Draußen toben? Mit der Freundin Himmel und Hölle spielen? Auf Bäume klettern? Vorbei. Unsere Kinder hocken drinnen, behütet von besorgten

Eltern, und erleben keine Abenteuer mehr. Dabei lernen Kinder am besten, während sie die Welt erobern. Hirnforscher und Psychologen schlagen Alarm.«[17] Das Thema waberte durch Talkshows und Erziehungsratgeber, die Diskussion ließ viele großstädtische Eltern mit dem Gefühl zurück, sie würden ihre Kinder um ihre Kindheit bringen und zur Lebensunfähigkeit erziehen. Na klar: Kinder, die auf dem Land aufwachsen, können Gefahren viel besser einschätzen, weil sie im Gegensatz zu den verweichlichten Stadtgören öfter mal kopfüber im Wassergraben landen und das Gehirn dadurch wichtige Entwicklungsschritte macht. Okay, das war jetzt etwas übertrieben. Denn ja, es sind nicht nur die Unfälle im Freien, die Kindern gut vernetzte Hirnstrukturen bescheren, sondern vor allem die Bewegung an der frischen Luft, das Sich-Ausprobieren auf Bekletterbarem, das Erforschen und Bespielen von Wald, Wiese und Tümpel. Das jedoch geht eben einher mit einer erhöhten Unfallgefahr – zumindest wenn kein Erwachsener in der Nähe ist und ein Auge auf den Nachwuchs hat.

Kindergesichter der Sechziger- und Siebzigerjahre waren genauso niedlich wie heutige Kindergesichter, mit dem Unterschied, dass heutige Kindergesichter weniger oft unfallchirurgisch behandelt werden müssen. Es ist eine nicht ganz unwesentliche Tatsache, dass heute deutlich weniger der Unter-15-Jährigen tödlich verunfallen als früher. An dieser Stelle ein paar Zahlen: 1980 starben laut Bundesverband der Unfallkassen 2.588 Kinder nach einem Unfall.[18] 2002 waren es 487, und der aktuellste Wert, den das Statistische Bundesamt für das Jahr 2015 verkündete, lag bei noch 158. Die tödlichen Unfälle ereigneten sich bei den jüngeren Kindern (bis fünf Jahre) vor allem zu Hause und im Straßenverkehr, bei den Kindern zwischen fünf und 15 Jahren hauptsächlich im Straßenverkehr sowie beim Spielen und Sporttreiben im außerhäuslichen Bereich. Die Unfallkasse berichtet weiter, tödliche Unfälle in Schulen oder Kindertageseinrichtungen seien äußerst selten, was mich zu der Annahme verleitet, dass es eine gute Idee ist, Kinder zu beaufsichtigen. Als Gründe für den signifikanten Rückgang verunfallter Kinder (hier sind die nicht tödlichen eingeschlossen) nennt die Unfallkasse die bessere Notfallversorgung, technische Verbesserungen an Fahrzeugen, Baulichkeiten, Spielgeräten und Gegenständen des alltäglichen Gebrauchs. Nicht erwähnt wird allerdings, ob ein Zusammenhang zwischen dem Rückgang verunfallter Kinder und der Aufsichtsmoral heutiger Eltern besteht. Der lässt sich aufgrund der Datenlage und der Datenerhebung nicht zweifelsfrei belegen.

Ich könnte hier aber ein paar Quellen nennen. So gibt es unzählige Mama-Blogs, deren Autorinnen Fotos aus ihrer Kindheit posten bei Aktionen, die sie ihren Kindern heute niemals erlauben würden (Menschenpyramide bauen im Kinderzimmer, Pappkarton-Treppenhaus-Rutschen, Eierlikör-Gläser-Auslecken). Bei uns zu Hause hat ein Foto einen Ehrenplatz, das meine Frau im zarten Alter von acht Jahren zeigt, wie sie auf einem Faschingsball als tapferes Schneiderlein glücklich vor sich hintanzt – mit einer riesigen Metallschere (!), die ihr an einer Kordel (!!) um den Hals (!!!) baumelt. Es müssen damals wirklich wahnsinnig entspannte Zeiten geherrscht haben.

Manchmal frage ich mich, ob ich meinem Sohn den Spaß der Kindheit nehme, wenn er auf der Straße ständig zu hören bekommt, er möge aufpassen; so als sei die ganze Welt ein Kriegsgebiet. Allerdings muss ich dann oft an Granulat-Günter denken und rufe meinem Sohn danach noch lauter zu, er solle gefälligst nach links und rechts und vor allem nach vorne gucken. Granulat-Günter kam zu seinem Namen, als das Geschehen auf der U-Bahn-Baustelle neben unserer Schule zu unserem täglichen Schulweghighlight gehörte. Günter wollte immer alles ganz genau wissen, weshalb ihm der Fensterplatz am Bauzaun nicht ausreichte – eines Morgens kletterte er hindurch. Und was dann passierte, erfuhr ich nur vom Hörensagen, weil ich an diesem Tag krank war (was ich angesichts des Geschehenen sehr bereute). Jedenfalls verschätzte sich Günter beim Absprung vom Bauzaunfenster zum Baugrubenabgrund und rutschte einen Berg schwarzen, scharfkantigen Teergranulats hinab, das sich dabei direkt in die vielen Schürfwunden rieb, die er an Armen, Beinen und im Gesicht erlitt. Trotz mehrstündiger Operationen konnten die kleinen Teerstücke von den Ärzten nicht rückstandsfrei entfernt werden, und als Günter aus dem Krankenhaus zurückkam, sah er anders aus als früher und gelangte zu seinem neuen Spitznamen, den er von nun an mit Würde trug.

In diesem Zusammenhang überlege ich, warum Melanie Martenshahn damals nicht Einkaufswagen-Melanie genannte wurde, wo sie doch als Neunjährige einmal im Supermarkt beim Zurückschieben des Einkaufswagens zwischen zwei Einkaufswagenschlangen eingeklemmt und eine Zeit lang von niemandem entdeckt wurde; nicht mal ihre eigene Mutter vermisste sie. Kann es wirklich sein, dass niemand im Supermarkt Melanies im Gitter fixierten Wuschelkopf in den Wagenreihen sah oder schüttelten die Kunden vielleicht nur den Kopf und dachten, was sich diese Gören immer einfallen ließen?

Vielleicht laufen heute viele Unfälle mit Kindern auch deshalb glimpflicher ab, weil die Gesellschaft Kindern gegenüber insgesamt aufmerksamer geworden ist. Auch hier gibt es keine belastbaren Studienergebnisse, die das belegen würden. Bei europaweiten Untersuchungen über die Kinderfreundlichkeit landet Deutschland jedes Mal ganz weit hinten, wenn ich jedoch auf meine persönlichen Erfahrungen und Stichproben aus dem Freundes- und Verwandtenkreis zurückgreife, würde ich sagen: Kindern wird heute mit größerem Verständnis und Achtsamkeit begegnet als früher. Die meisten Hausmeister nehmen heute keinem Kind mehr den Ball weg, den Begriff »Rotzlöffel« hat mein Sohn noch nie aus dem Mund eines Nachbarn gehört (ich als Kind schon, und beim Bolzen wurden wir von einem besonders netten Exemplar zur Beweislage unseres Fehlverhaltens regelmäßig fotografiert). Wenn ich zumindest in unserem Viertel heute ein Kind auf der Straße schreien höre, drehe nicht nur ich mich um, sondern ein Großteil der Passanten. (Fast) niemand schaut böse, sondern gleicht ab, ob ein Eingreifen notwendig ist oder es sich nur um einen handelsüblichen Trotzanfall handelt. Wenn ein Kind vom Laufrad purzelt und weinend am Boden liegt, springt sofort jemand herbei und tröstet, bis die Mutter/der Vater mit den schweren Einkaufstüten in der Hand selbst heran ist, um zu übernehmen.

Als ich nach dem Wasserrutschenspielplatzunfall mit meiner Kopfplatzwunde, einem Wackerstein und Ecki Hauser im Gepäck heulend durch die Straßen nach Hause lief, kam niemand zu Hilfe; nur eine ältere Nachbarin beugte sich über den Balkon und sagte mehr zu sich als zu uns: »Blutet ja gar nicht richtig.«

Als Tatjana Wehrkopp, die im Nebenhaus wohnte und Gummitwist für den einzigen Sinn des Lebens hielt, eines Tages mit dem Saum ihrer Schlaghose in die Fahrradkette ihres Klapprades geriet, machte sie einen atemberaubenden Satz über den Lenker. Die Schlaghose riss dabei nicht, sondern sorgte dafür, dass ihr linkes Bein den Bogen als einziges nicht schaffte. Auch wenn es paradox klingt, aber sie lag halb sitzend neben ihrem Fahrrad und weinte, und wir versprachen, sofort ihre Mutter zu verständigen. Auf dem Weg zu Tatjanas Haus wurden wir dann unglücklicher Weise von weiteren Rettungsmaßnahmen abgehalten, weil Dierk beim Murmeln gerade einen Lauf hatte und uns zurief, wir sollten mal ganz schnell zugucken, wie er Uwe um seine letzten Glaskugeln brachte. Und einem Befehl von Dierk widersetzte man sich nicht. So erfuhr ich erst sehr viel später, dass Tatjana wohl noch sehr lange jammernd neben ihrem Fahrrad saß/lag, bis tatsächlich jemand Hilfe verständigte. Im Krankenhaus wurde schließlich festgestellt, dass gleich an mehreren Gelenkstellen Knochen aus den Verkapselungen gerutscht waren, was mich noch jetzt innerlich zusammenzucken lässt. Das Schlimmste für Tatjana muss gewesen sein, dass mindestens ein halbes Jahr das Gummitwist in der Schublade bleiben musste. Heutige Kinderfahrräder haben serienmäßig einen Eins-a-Kettenschutz, und zum Glück sind auch Schlaghosen und Gummitwist ein längst vergessenes Relikt unserer gefährlichen Kindheit.

Wenn man bedenkt, wie sehr sich die Sicherheitsstandards in so vielen Bereichen unseres Alltags verbessert haben, mutet es komplett irre an, dass ausgerechnet Spielplätze diesen Fortschritt nicht konsequent mitgegangen sind. Wenn meine Frau und ich auf einer Skala von eins bis zehn angeben müssten, wie begeistert wir sind, wenn unser Sohn auf den Spielplatz will, dann würden wir unser Kreuzchen eher nicht bei der Zehn machen. Spielplätze sind für Erwachsene ein Raum, in dem es schwerfällt, seine Würde aufrecht zu erhalten. Man sitzt auf bekritzelten Holzbänken, drückt sich mit dem Rücken an die harte Lehne (die oft mit sehr unschönem Vokabular und Zeichnungen verziert ist) und schaut selbstverständlich nicht aufs Handy, um eine betonte Abgrenzung zu den ignoranten Smartphone-Eltern auszudrücken (während man sich nichts sehnlicher wünscht, als jetzt ein bisschen auf *Spiegel Online* zu surfen). Stattdessen starrt man auf das eigene Kind und fragt sich, warum Spielplätze der einzige Ort auf der Welt sind, wo sich Minuten wie Stunden anfühlen. Da kann ich mich glücklich schätzen, dass mich mein Sohn leidenschaftlich gern in sein Spiel einbezieht.

Einmal kraxelte ich mit ihm ein Klettergerüst hoch und stellte irgendwann fest, dass es für mich und meine Höhenangst noch Klärungsbedarf gab. Ich entschied mich fürs stille Verweilen, blieb auf einer Holzstrebe sitzen und lernte in dieser Zeit sehr viele Drei- bis Fünfjährige kennen, die nicht an mir vorbeikamen und sehr unterschiedlich darauf reagierten. Ich überlegte, wer um alles in der Welt Spielgeräte entwickelt, bei denen man so tief fallen kann, dass man sich zwangsläufig das Genick bricht, und hörte mindestens alle fünf Minuten irgendwo ein Kind bitterlich weinen, das sich gerade eine Blessur zugefügt hatte.

Für Kinder sind Abenteuerspielplätze genau das, was sie sein sollen: ein Abenteuer. Mal tut es weh, dann kurz trösten lassen und weiter geht der Spaß. Ich dagegen sehe: Klettergerüste versehen mit Seilen und Netzen in hochwertiger Strangulationsqualität, Drehschreiben, die Kinder regelmäßig auf die Steinplatten katapultieren, Reifenschaukeln, die mit exakter Genauigkeit und atemberaubender Regelmäßigkeit so weit ausschlagen, dass umstehende Kleinkinder schwungvoll weggerammt werden. Allein bei dieser Stichprobe vom Klettergerüst aus habe ich drei Kinder gezählt, die schreiend auf dem Boden lagen, nachdem sie der an schweren Ketten hängende und vollbesetzte Truckerreifen erwischt hatte.

Ausgerechnet auf dem Lieblingsspielplatz meines Sohnes, einer weiten Anlage im zentralen Stadtgarten Planten un Blomen, steht ein wahres Horrorgerät, das selbst Joseph-Ignace Guilloutin eine Spur zu heftig gewesen sein dürfte. Es handelt sich dabei um ein würfelförmiges Holzgerüst mit fallbeilartigen Holzpaneelen, die von den Kindern selbstständig hochgezogen werden können, um unter ihnen durchzuschlüpfen. Dabei sind die Holzpaneele so massiv und schwer und rasen entsprechend schnell zu Boden, dass selbst das Genick eines Erwachsenen mühelos zersplittern würde. Dass es noch keine Toten gab, muss ein unglaublicher Zufall sein.

»Kein Spielplatz in Deutschland ist ohne Mängel«, sagte Ralf Diekmann, Spielplatz-Prüfer vom TÜV-Rheinland in einem Interview mit dem *Kölner Stadt-Anzeiger* im Juli 2018.[19] Zwar hätten sich die Sicherheitsstandards in den letzten Jahrzehnten stark verbessert, doch noch 2005 habe es bundesweit Spielplätze gegeben, die zu neunzig Prozent in einem maroden Zustand seien. Aber auch heute seien Eltern gut beraten, bevor sie ihr Kind auf dem Spielplatz toben ließen, sich alle Geräte genauer anzugucken.

Spielplätze sind, das ist nach diesen Schilderungen keine Überraschung, auch statistisch belegbar Unfallschwerpunkte. Überraschender finde ich es, dass die meisten Unfälle an Schaukeln (rund ein Drittel aller Spielgeräte) geschehen und nicht an Klettergerüsten. Auf dem offiziellen Spielplatz-Blut-und-Beulen-Ranking folgen nach einer österreichischen Erhebung aus dem Jahr 1995[20] (es gibt bis heute leider kein aktuelleres und differenziertes Zahlenmaterial) die Rutsche (zwanzig Prozent), dann erst das Klettergerüst (13 Prozent). Den Abschluss bilden Reckstange und Karussell mit je etwa vier Prozent. Die häufigsten Unfallhergänge sind der »Sturz hinab« (57 Prozent), der »Sturz auf gleicher Ebene« (15 Prozent), die »Kollision« (zwölf Prozent) sowie missglückte Sprünge (fünf Prozent). Die häufigsten Verletzungen auf Spielplätzen sind Prellungen (34 Prozent), Hautwunden (24 Prozent), Frakturen der Extremitäten (24,6 Prozent), Verstauchungen (10,7 Prozent) und Gehirnerschütterungen (6,7 Prozent).

Zwar haben sich auch seit 1995 ein paar Erkenntnisse aus der medizinischen Forschung durchgesetzt, weshalb modernere Spielplätze öfter mit Gummi- und Sandflächen zur Sturzabmilderung ausgestattet sind, dennoch gehört zum Sound der Spielplätze immer auch schmerzverzerrtes Geschrei, das einen bis ins Mark trifft.

In den USA sehen Spielplätze dagegen oft aus wie riesige Gummizellen, ausgestattet mit Spielgeräten, die Polstergarnituren nachempfunden sind. Spielplatzprüfer

Diekmann äußerte im *Stadt-Anzeiger*-Interview weiter, der Spielplatz solle keine heile Welt sein. Hier solle man sich durchaus Schrammen holen, das gehöre zum Heranwachsen dazu. Richtig, das Leben ist kein Hochsicherheitsgefängnis, und eine funktionierende Risikoabschätzung kann nur entwickeln, wer mit einer realen Gefahr konfrontiert wird. Ich bin mir nur nicht sicher, ob eine Oberarmfraktur als Erfahrungswert wirklich zielführend ist. Denn in letzter Konsequenz führt dieser Gedanke, der sogar in der DIN-Norm EN1176 für Spielplätze festgelegt ist (»Verletzungen bis hin zu Brüchen und offenen Wunden dienen der wichtigen Gefahrenein- und Risikoabschätzung«), zu einem Satz aus der Schwarze-Pädagogik-Mottenkiste, den man eigentlich nie mehr hören geschweige denn aussprechen möchte: »Wer nicht hören will, muss fühlen.«

Schade ich also meinem Kind, wenn ich es vor Verletzungen schütze, deren Dimensionen ich nicht abschätzen kann? Beim Straßenverkehr gibt es keine zwei Meinungen, da wird empfohlen, jedes Risiko für das Kind auszuschließen. Wenn wir zum Beispiel einen Kindersitz fürs Auto kaufen, dann haben wir vorher alle *Stiftung-Warentest*-Rankings auswendig gelernt und wissen, welcher Kindersitz in Sachen Komfort und Sicherheit das Nonplusultra ist. Wer würde, ausgestattet mit diesem Wissen, lieber etwas Geld sparen und dafür auf doppelten Seitenaufprallschutz und spezielle Airbag-Rückstoßsicherung verzichten? Auf dem Spielplatz hingegen gilt der Airbag gemäß der DIN-Norm als pädagogisch unsinnig. Ist das konsistent?

Sicher: Straßenverkehr ist unübersichtlich und ein Auto mit einer Geschwindigkeit unterwegs, die ein Kind nicht überblicken kann, wohingegen auf dem Spielplatz zumindest die meisten Gefahren auch für Kinder sichtbar sind, sodass sie lernen können, damit umzugehen. Wenn ich eine Schaukel gegen den Kopf kriege, mache ich nächstes Mal einen Bogen darum. Wenn ich ungebremst durch die Frontscheibe des Autos fliege, weil ich nicht angeschnallt war, bin ich hingegen vielleicht tot.

Aber: Lernt mein Kind nicht genauso, dass es sich festhalten muss, wenn es vom Klettergerüst auf eine Gummimatte fällt und sich dem hämischen Grinsen seiner Spielkameraden aussetzen muss, weil er offenbar noch »zu klein« zum Klettern ist? Bedarf es dazu unbedingt einer Gehirnerschütterung? Und wenn Verletzungen pädagogisch so sinnvoll sind – wieso findet dann im Sportunterricht kein Reckturnen ohne blaue Matte unter der Stange statt?

Zurück zur Sicherheit beim Autofahren. Die Anschnallpflicht wurde erst Mitte der Siebzigerjahre gegen große Widerstände durchgesetzt, Verstöße blieben lange Zeit straflos; die Diskussionen darüber wurden damals sehr emotional geführt, Männer fürchteten um ihre Männlichkeit, Frauen um ihren Busen, die Republik war tief gespalten.[21] Erst im Laufe der Zeit wurde der Gurt auch für Kinder Usus. Und wer erinnert sich nicht, wie es sich anfühlte, im Hochsommer in kurzen Hosen auf den schwarzen Kunstledersitzen Platz zu nehmen, der Gurt schnitt glühend in die Halsaorta, während von den Oberschenkeln ein dezenter Grillwürstchengeruch in die Nase stieg? »Dann schnall dich eben ab«, hieß es dann. Und es war ganz normal. Was sollte passieren? Kein Kind hatte einen Kindersitz; einen wärmeabweisenden, wie der unseres Sohnes, schon mal gar niemand. Eine

Kindersitzpflicht gibt es überhaupt erst seit 1993.[22] Und auch hier liefern die Unfallstatistiken die besten Argumente. Seit Einführung von Gurt- und Kindersitzpflicht machte die Zahl der Unfalltoten einen mächtigen Satz nach unten.

Deshalb schaue ich mir auf jedem Spielplatz alle Geräte mit der Lupe an, habe ich alle Kindersitzbroschüren studiert und mich für den superteuren Testsieger entschieden. Alles andere könnte ich mir nicht verzeihen. So etwas nenne ich Fürsorge.

Trotzdem lese ich gerade wieder, dass zu viel Fürsorge dem Kind SCHADEN kann. Es ist so absurd: Man will ein guter Vater sein, der sein Kind schützt und vor seelischen und körperlichen Schäden bewahrt. Und dann kommt im Juni 2018 eine neue Studie[23] auf den Markt, die einen Zusammenhang zwischen Überfürsorge der Eltern und entwicklungsgestörten Kindern zieht, deren Ergebnis landauf und landab von sämtlichen Zeitungen und Magazinen zitiert wird, damit Millionen Eltern erfahren, dass ihr tief empfundenes Bedürfnis, Schutz zu gewährleisten, in manchen Fällen das Gegenteil bewirkt. Wer die Studie googelt, bekommt auf den ersten zehn Einträgen verschiedener Online-Medien die gleichlautende Headline präsentiert: Zu viel Fürsorge schadet Kindern. Zu viel Fürsorge schadet Kindern. Zu viel Fürsorge schadet Kindern.

Wirklich? Werfen wir noch mal einen Blick in die jährlichen Statistiken über verunfallte Kinder! Sie belegen wissenschaftlich einwandfrei, dass heute in Deutschland noch nie so wenig Kinder bei Unfällen ums Leben kamen, unter sozialer Verwahrlosung litten oder Opfer von Missbrauch wurden wie in früheren Zeiten. Denn heute wird von allen

Seiten einfach besser aufgepasst; achtsamere Behörden, achtsamere Gesellschaft, achtsamere Eltern. Das wäre doch mal eine Titelgeschichte für *Die Welt*, *ZEIT* oder *Spiegel*: Weniger tote Kinder dank Helikopter-Eltern.

Fürsorge in Form von Sicherheitsmaßnahmen rettet euren Kindern das Leben! Und keine Sorge: Kinder lernen, was Schwerkraft ist, selbst wenn sie auf weiche Matten fallen statt auf Beton.

5. »Nun gluck doch nicht immer dauernd auf dem Kind rum«

Oder: Warum es gut ist, dass wir heute so viel Nähe zu unseren Kindern haben

Es gibt eine Menge Erziehungsexperten, die der Meinung sind, dass wir unseren Kindern zu viel Aufmerksamkeit schenken. Das tue Kindern nicht gut, weil ihnen so vermittelt werde, dass sie der Mittelpunkt des Universums seien, was irgendwann zwangsläufig mit der Realität kollidiere. Sicher, sollten unsere Kinder später in der Schule lernen, dass der Mittelpunkt des Universums gar nicht existiert und bezogen auf unser Sonnensystem einzig allein die Sonne im Zentrum steht, könnte ihnen das den Boden unter den Füßen wegziehen. Es kann aber genauso gut sein, dass Kinder, die sehr viel Aufmerksamkeit, Fürsorge und Liebe bekommen, sich ganz normal entwickeln. Und vielleicht sind sie sogar in der Mehrheit. Leider wagt sich mit dieser These kein Wissenschaftler aus der Deckung.

Es ist stattdessen noch gar nicht so lange her, da galt in Deutschland noch die Erziehungsmaxime, dass kleine Kinder nicht lernen würden, selbstständig einzuschlafen, wenn Mama oder Papa (oder wie bei uns: gern auch mal beide) so lange an ihrem Bettchen wachen, bis sie sanft eingeschlummert sind. Eine Methode, die zum Beispiel in Frankreich immer noch als angemessenes Mittel akzeptiert und – interessanter noch – auch in den ostdeutschen Bundesländern verbreitet ist, weil es dort zu DDR-Zeiten zum gängigen Erziehungskanon gehörte, wie mir viele dort aufgewachsene Freunde heute berichten.

Es gibt wenig körperlich und seelisch Belastenderes für Eltern als ein Kleinkind, das nachts einfach nicht durchschlafen will. Wohl deshalb feierte in Deutschland eine Zeit lang ein Sachbuch mit dem Traumerfüllungstitel *Jedes Kind kann schlafen lernen* großen Erfolg. In dem Ratgeber wird die sogenannte »Ferber-Methode« propagiert, eine Praxis des US-amerikanischen Kinderarztes Richard Ferber, bei der – kurz zusammengefasst – das Kind nach einem Einschlafritual allein im Zimmer gelassen wird. Schreit es, und sehr wahrscheinlich schreit es am Anfang jeden Abend, sind die Eltern dazu angehalten, erst nach einer bestimmten Zeit ins Zimmer zu treten und es zu beruhigen. Schon das klingt nicht nur hart für das Baby, auch die Eltern dürften in diesem Moment mit sich zu kämpfen haben. Wenn sie dann endlich doch zu ihrem nach Nähe schreienden Baby dürfen, ist anfassen und erst recht aus dem Bett nehmen streng verboten. Man bleibt im Zimmer und beruhigt sein Kind allein mit Worten. Nach einigen Wochen haben die Eltern dann ruhige Abende für sich, weil ihre Kinder das Allein-Einschlafen gelernt haben. Was verinnerlichen sie jedoch genauso? Ich kann so laut schreien wie ich will – in den Arm nimmt mich keiner.

Ich kenne nur wenige Eltern, deren Kinder auf Knopfdruck einschlafen (wie auch? Manch ein Tag war einfach zu aufregend, als dass man sofort die Augen schließen könnte, nur weil Papa und Mama den Zeitpunkt dafür als gerade jetzt erklärt haben – wir haben ja schon von den egoistischen Motiven gesprochen). Ich kenne dagegen unzählige Geschichten von Eltern, die ihre Babys und Kleinkinder abends nicht allein lassen konnten, wenn diese nicht zu bewegen waren, die Äuglein zu schließen. Da ist der Vater, der mit seiner Tochter in der Babyschale mehrere Runden mit dem Auto um den Häuserblock fuhr, weil sie nur so fest einschlief. Da ist die Mutter, die sich ohne Übertreibung eine Stimmbandentzündung holte, weil sie fünf Stunden am Stück Einschlaflieder sang, und zwar täglich. Und meine Frau und ich erinnern uns auch noch an die Wochen, als wir um ein Uhr nachts unseren Sohn, wir lebten damals in Berlin, in die Karre packten und zum nahen, lichterglänzenden Potsdamer Platz schoben, mit einem geschauspielerten Gesichtsausdruck, als sei es das eine Selbstverständlichkeit. Und das alles, weil unser Sohn damals nur bei Licht und frischer Luft einschlafen konnte.

Allen Eltern, die vielleicht noch Phantomschmerzen aus dieser Zeit plagen, sei gesagt, dass sie nichts falsch gemacht haben – sondern ganz im Gegenteil nur ihren natürlichen Anlagen gefolgt sind. Kinder brauchen Nähe und die Vergewisserung, sich jederzeit auf ihre Eltern verlassen zu können. Das Schlafverhalten von Babys unterscheidet sich stark von dem eines Erwachsenen, der es dunkel und ruhig mag. Die meisten Babys wollen hingegen hören und spüren, dass sie nicht allein sind, denn nur dann sind sie in Sicherheit – unser Sohn, der auch mit sechs Jahren noch kein Fan des Zubettgehens ist, schläft mit der Decke auf der Couch im

Wohnzimmer ein, wenn wir Besuch haben und uns lautstark unterhalten.

Das Schlummern in wachsamer Gesellschaft haben übrigens schon unsere ganz alten Vorfahren beherzigt, und damit sind nicht die laut Julius Cäsar verweichlichten Römer gemeint, sondern die – Trommelwirbel – Neandertaler. Nähe zwischen Eltern und Kindern war in Zeiten von Säbelzahntigern und anderen natürlichen Gefahren eine entscheidende Überlebensstrategie. Die Kinder schliefen bis zum Jugendalter bei den Eltern, und diese achteten peinlichst darauf, sie im harten Alltag zwischen Jagd und Feuermachen nicht aus den Augen zu verlieren. Reich ausgestattete Kindergräber aus dieser Zeit dokumentieren, welche Bedeutung sie für ihre Eltern gehabt haben müssen. In einer Studie von britischen Forschern der University of York legen die Verfasser den Schluss nahe, dass Kinder in der Steinzeit teilweise mehr im Mittelpunkt standen als das heute der Fall ist und unser genetisches Verlangen nach Geborgenheit und Hordenzugehörigkeit hier den Ursprung hat.

Ich muss mit auf Klassenfahrt – meine Tochter kann sonst nicht schlafen lautet ein Titel eines dieser Helikopter-Eltern-Bashing-Bücher, bei dem ich mich frage, ob es nicht auch gute Gründe haben kann, sein Kind auf Klassenreise zu begleiten – man kennt ja den Einzelfall gar nicht. Allerdings werden die Kinder von Helikopter-Eltern genauso wenig nach ihren Geschichten gefragt wie ihre Eltern (die, um es noch mal zu betonen, gerade mal ein Sechstel aller Eltern ausmachen sollen). Sie werden ganz konkret verhöhnt, während bei allen anderen (fünf Sechstel!) hängenbleibt: Zu viel Nähe zwischen Eltern und Kind ist schädlich.

Wir sind auf Nähe programmiert und doch verwechseln wir Nähegeben dauernd mit Verwöhnen. Verwöhnen, das wissen wir mit Ratgeberliteratur ausgestatteten Eltern nur zu gut, gilt heute als eine Form der emotionalen Verwahrlosung. Der gängige Vorwurf in Kurzform lautet: Kinder müssen früh gewisse Härten erleben, damit sie im Erwachsenenalter nicht Ansprüche ans Leben stellen, die ihnen niemand mehr erfüllen wird. Nur: Wann beginnt verwöhnen eigentlich? Wann ist Nähe zu viel Nähe?

Die Unsicherheit darüber, was schadet und was nicht, beginnt bereits beim Stillen des Neugeborenen. Ich kenne die Gespräche, wenn Mütter sich unterhalten, wie lange Stillen nun eigentlich okay sei. Ich erinnere mich noch an dieses wettbewerbsmäßige Vergleichen (Eltern sind ja leider ganz groß darin, andere Eltern zu entwerten): »Waaas, 14 Monate?«, dazu ein ungläubiger, milde herablassender Gesichtsausdruck. Oder: »Waaas, zwei Monate?«, und dazu ein mindestens ebenso besorgter Gesichtsausdruck. Ich kenne Experten, die sagen: »Sechs Monate stillen! Alles andere ist schädlich.«

Aber: Muss man sich überhaupt rechtfertigen, wie lange, kurz oder gar nicht das eigene Kind gestillt wird? Nein. Geht niemanden etwas an. Dennoch machen viele genau das: Sie suchen nach Erklärungen, Benni sei eben besonders anhänglich oder Juttalein bekomme die Flasche einfach besser, und fühlen sich dabei ganz schlecht. Müttern, die das Gefühl haben, sie würden ihr Kind nicht lang genug stillen, sei gesagt: Ihr macht alles richtig! Die Neandertaler haben auch nur sieben Monate gestillt und sind trotzdem nicht ausgestorben[24] – zumindest nicht deswegen. Müttern, die auch nach zwei Jahren noch ihr Kind an die Brust nehmen, sei gesagt: Ihr macht alles richtig! Naturvölker, die eher selten Elternratgeber lesen, stillen ihre Kinder oft weit über drei Jahre lang und ihre Kinder wachsen trotzdem zu selbstständigen Persönlichkeiten heran.

Solange wir uns selbst darauf konditionieren, dass Nähe ganz schnell im ach so schädlichen Helikoptern mündet, solange wir glauben, dass Nähe nur dosiert und unter ganz bestimmten Bedingungen zugelassen werden darf und solange uns von Expertenseite pauschal zugeflüstert wird, wie gefährlich es sei, zu viel Zeit und Energie auf unsere Kinder zu verwenden, werden wir kein gesundes Urteilsvermögen dafür entwickeln, was zu viel und was zu wenig Nähe ist.

Wie hilfreich ist es, wenn man ein Interview mit Jesper Juul liest, in dem er äußert, dass Verwahrlosung, Ignoranz und Desinteresse Kindern gegenüber weniger seelische Schäden bei ihnen verursachen »als jener Narzissmus, der den Nachwuchs glücklich und erfolgreich sehen will, um sich selbst als kompetent zu erleben«[25]? Da gerät sogar mein Kompass, was nun gut oder schlecht für meinen Sohn ist, ins Wanken. Darf ich ihn nicht mehr fördern, wenn ich merke, dass ihm etwas Spaß macht? Muss ich seine Erfolge beim Fußballtraining kleinreden, damit er nicht denkt, meine Liebe zu ihm messe sich daran, wie viele Tore er schießt?

Einmal mehr steht wieder die Behauptung im Raum: Früher war alles besser. Dabei gelten, wie bereits angesprochen, die Sechzigerjahre auch nicht gerade als goldenes Zeitalter der Kindheit. Laut einer Studie der Universität von Kalifornien verbrachten Väter in westlichen Industrieländern Mitte der Sechzigerjahre exakt 16 Minuten pro Tag mit ihren

Kindern. Da die Familien damals im Schnitt größer waren, kann man sich leicht ausrechnen, wie viele Minuten der Vater für jedes einzelne Kind erübrigen konnte, wenn wir zum Beispiel annehmen, dass er drei davon hatte. Väter und Kinder werden sich also im Vergleich zu den Steinzeitmenschen nur entfernt gekannt haben, und die Verfasser der Studie, die für ihre Untersuchungen auch Deutschland einbezogen, sprechen vom heutigen Trend hin zu einer »intensiven Elternschaft«. Diese intensive Elternschaft impliziert, dass Eltern heute eher bereit sind, auf ihre Freizeit zu verzichten, um sie dem Kind zu widmen. In besonders glücklichen Fällen macht einem das Zusammensein mit Kindern sogar Spaß, und wenn ich mich in meinem selbstverständlich nicht repräsentativen Umfeld umschaue, dann kenne ich niemanden, der laut aufstöhnt, weil gleich seine Kinder aus der Schule kommen. Es ist eher umgekehrt: Ohne Kinder fehlt einem etwas.

Kinder sind heute viel stärker in den Alltag der Eltern integriert, sie leben nicht mehr so separiert, wie sich das früher gehörte, wo sich der Lebensraum des Nachwuchses ausschließlich auf das Kinderzimmer oder die Straße beschränkte. Dass Kinder selbstverständlich früher ins Bett mussten, wenn die Eltern Besuch erwarteten, galt als eine Frage der Höflichkeit, während Kinder, die im Schlafanzug plötzlich ins Wohnzimmer kamen und in die Schüssel mit den Salzstangen griffen, weniger zur allgemeinen Heiterkeit beitrugen als das heute der Fall wäre.

Der erste Historiker, der sich mit der Geschichte der Kindheit befasste, war Philippe Ariés. Seine Erkenntnisse sagen sehr viel über das Selbstverständnis aus, das Eltern in den Fünfzigerjahren ihren Kindern gegenüber pflegten, denn sein Buch *Geschichte der Kindheit* erschien im Jahr 1960. Wenn er also von der »modernen Kindheit« spricht, dann sind seine Referenzen auf Eltern dieser Zeit bezogen. Und seine Erkenntnis lautete damals, dass Kinder in früheren Epochen von früh bis spät in den Alltag der Eltern einbezogen waren. Sie mussten in Haus und Hof mitarbeiten, die Jungen wurden frühzeitig darauf vorbereitet, den Beruf des Vaters zu erlernen und die Tradition fortzuführen. Erst wenn sich zeigte, wie begabt das Kind war und wo seine Talente genau lagen, also meist erst als Jugendlicher, wurde es als Individuum angesehen, und seine persönlichen Bedürfnisse und Meinungen bekamen Relevanz für die Eltern.

Die bereits in diesem Buch erwähnte Historikerin Bettina Hitzer hat sich mit den Kontaktbörsen in Zeitungen befasst und fand heraus, dass noch bis in die Zwanzigerjahre fast ausschließlich ältere Kinder zur Adoption gesucht wurden, während Säuglinge kaum zur Adoption vermittelbar waren. Weniger gut gestellte Ehepaare wollten nicht erst Geld investieren müssen, bevor sie das Kind als helfende Arbeitskraft einsetzen konnten. Aber auch besser situierte Paare wollten ein Kind, womöglich als Erben eines Betriebs, erst dann adoptieren, wenn absehbar war, dass dieses Kind intelligent genug und zudem gesund war. Säuglinge dagegen besaßen keinen Marktwert, da die Aussicht auf eine Rendite einem Glücksspiel gleichkam.

Philippe Ariés wird diese Anzeigen vielleicht gekannt haben, jedenfalls stellt er die Kinder-als-Nutzwert-These der Tatsache gegenüber, dass sich in der Gegenwart (Fünfzigerjahre) das Eltern-Kind-Verhältnis vollkommen geändert habe. Alles, was Kinder für das Leben lernen müssten, werde nun durch externen Unterricht beigebracht. Diese Separation sieht Ariés durchaus als Fortschritt, weil dadurch Kinder von Eltern seiner Erkenntnis nach immer mehr um ihrer selbst geliebt wurden und nicht länger ein Mittel zum Zweck der Existenzsicherung waren. Aber er weist auch darauf hin, dass Kinder »heute« kaum noch Einblick in das Leben der Eltern hätten – da sie durch Krippen, Kindergärten und Schule dauerhaft vom Lebensbereich der Eltern getrennt seien.

Bis weit in die Achtzigerjahre galten der berufstätige Vater und die Kinder betreuende Mutter als gängiges Familienbild. Es wurde zunehmend unrealistisch. Bereits seit den Siebzigerjahren zeichnete sich in Deutschland ein massiver Anstieg berufstätiger Frauen ab. Das Schlagwort der Vereinbarung von Familie und Beruf war noch unbekannt, weil die Gesellschaft diesen Leidensdruck noch gar nicht artikulierte. Dagegen gibt es aus dieser Zeit eine Menge Talkshows und Leitartikel zu bestaunen, in denen arbeitende Frauen in die Nähe der Rabenmütter gerückt wurden. Und tatsächlich war der Begriff »Schlüsselkind«, der aus dieser Zeit stammt, negativ konnotiert. Allerdings richtete sich dieser Vorwurf, der im Begriff mitschwang, gegen die Mütter, nicht gegen die Väter. Die Politik unterstützte arbeitende Mütter nicht, sondern erließ Gesetze und Verordnungen wie das Ehegattensplitting, das Arbeit für verheiratete Frauen im Prinzip weniger attraktiv machen sollte. Unterstützung bei der Kinderbetreuung sah die Politik nicht als zielführend. Erst seit dem Jahrtausendwechsel kann man in Deutschland überhaupt von einer gesellschaftlich anerkannten Notwendigkeit einer systematischen und mit den nötigen Mitteln ausgestatteten Familienpolitik sprechen, auch wenn der damalige Bundeskanzler Gerhard Schröder herablassend vom Ministerium für »Familien und Gedöns« sprach, womit er eben nicht gerade ausdrückte, die Bedürfnisse von Müttern sei für ihn von übergeordneter Relevanz.

Noch im Jahr 2007 sorgte der Vorstoß der damaligen Familienministerin Ursula von der Leyen für große Diskussionen, den Krippenausbau dergestalt voranzutreiben, dass 35 Prozent aller Kinder (also gerade mal ein Drittel) mit einem Krippenplatz versorgt werden könnten. Sie wurde dafür von allen Seiten kritisiert. Eigene Parteikollegen warfen ihr sogar vor, sie beschneide die Wahlfreiheit von Eltern zwischen Selbst- und Fremdbetreuung,[26] vonseiten der Sozialverbände wurde das 35-Prozent-Ziel als völlig unzureichend und indirekte Bevorzugung von nichtarbeitenden Müttern kritisiert, den Kommunen war es zu teuer. Und selbst im Jahr 2019 werden in Bayern noch Eltern finanziell belohnt, die ihre Kinder zu Hause erziehen und nicht in die Kita geben, was letztlich darauf hinausläuft, ein als reaktionär empfundenes Familienbild zu revitalisieren und vor allem arbeitende Mütter zu diskreditieren.

In einem für damalige Verhältnisse fast schon progressiven *ZEIT*-Artikel aus dem Jahr 1961, der sich mit dem wachsenden Anteil von Frauen im Berufsleben befasste, äußerte der Autor seine Sorge, berufstätige Frauen könnten ihrer Verpflichtung als Mutter nicht nachkommen, und forderte eine gesellschaftliche Lösung: »Wenn also die Entwicklung zur vermehrten Frauenarbeit nicht mehr aufzuhalten ist und trotzdem im Widerspruch dazu die Hauptaufgabe der Frau in ihrer Mutterschaft erblickt wird, dann muß eben alles geschehen, damit dieser Kompromiß, zweien Herren zu dienen, nicht gesundheitliche Schäden, nicht Gefährdung des sozialen Milieus und vor allem auch nicht eine Vernachlässigung der Familie und damit auch der Nachkommenschaft mit sich bringt.«[27]

Das Bonmot des ersten Familienministers Franz-Josef Wuermeling übrigens, der sein Amt bis 1962 innehatte, wird auch heute nicht bei allen Bevölkerungsschichten auf vollständige Ablehnung stoßen: »So ist die Mutter daheim [...] heute noch vielfach wichtiger als früher. Eine Mutter daheim ersetzt vielfach Autos, Musiktruhen und Auslandsreisen, die doch allzu oft mit ihrer Kinder gestohlenen Zeit bezahlt wurden« – die Berufstätigkeit von Frauen wurde mit »Wohlstandsfieber« und »Geltungsstreben« verglichen.[28]

Dabei waren die Motive, weshalb immer mehr Frauen in dieser Zeit berufstätig wurden, sehr unterschiedlich – und oft eine Folge von gesellschaftlichen Veränderungen, die auch als zivilisatorischer Fortschritt betrachtet werden können. Seit den Sechzigerjahren begann die Rollenverteilung in den Familien langsam aufzubrechen. Die Emanzipations- und Frauenrechtsbewegungen taten ihr Übriges; Frauen beanspruchten langsam, was sonst Männern vorbehalten gewesen war: zu arbeiten, zu studieren, sich zu verwirklichen. Durch die verbesserten Bildungschancen entschieden sich viele entsprechend ausgebildete Frauen für eine Berufskarriere, der steigende Wohlstand führte in vielen Familien zu neuen Konsumwünschen, immer mehr von ihnen verwirklichten den Traum des eigenen Hauses – die Frau war oft gezwungen, zum Einkommen beizutragen. Und auch die Scheidungsrate begann in dieser Zeit langsam anzusteigen, was die alleinerziehende Mutter nicht mehr zu einer exotischen Spezies machte. Allen berufstätigen Müttern war gemein, dass sie in erheblichem Maße von der Lebenswelt der Kinder abgeschnitten und diese sich mangels politischer und gesellschaftlicher Unterstützung oft allein überlassen waren. Zeitgleich wurde der Begriff des eben schon erwähnten Schlüsselkinds geboren. Das Schlüsselkind hatte seine diffamierende Bezeichnung allein der Tatsache zu verdanken, dass beide Elternteile Vollzeit arbeiten mussten – was in den Fünfziger- und Sechzigerjahren vor allem mit gewissenlosen Müttern in Verbindung gebracht wurde, in den Siebziger- und Achtzigerjahren dann eher mit Prekariatsverdacht und weniger mit Selbstverwirklichung. Allerdings geht der Begriff auf eine Zeit zurück, wo das Phänomen noch andere Ursachen hatte: Direkt nach dem Zweiten Weltkrieg wuchsen viele Kinder ohne Vater auf, weil der entweder gefallen war oder als vermisst galt oder sich noch in Kriegsgefangenschaft befand, sodass der Mutter gar nichts anderes übrig blieb, als sich um das Auskommen der Familie zu kümmern. Das hatte nichts mit Selbstverwirklichung oder Konsumwünschen zu tun. Später, als die Frauen aus anderen Gründen mitverdienen wollten oder mussten, wurde das Schlüsselkind auch als »Waisenkind der Technik«[29] bezeichnet. Ein böser Begriff, den der Münchner Kinderarzt Professor Theodor Hellbrügge erfand und der schnell salonfähig wurde. In beiden Fällen war die namentliche Herabwürdigung ein Vorwurf, der sich explizit gegen die Mütter richtete. Oft wurde debattiert, ob die arbeitende Frau nicht ein gleiches gesellschaftliches Problem darstelle wie die Landflucht. Und so tauchte der Begriff »Hausflucht« auf, dessen Konsequenz sich in vielen unbetreuten Straßenkindern niederschlug. Den Frauen hier eine einseitige Schuld aufzuladen, wie es damals Usus war, ist nicht nur aus heutiger Sicht eine Gemeinheit.

Zu dieser Zeit war es übrigens nicht exotisch, wenn Kinder die meiste Zeit bei den Großeltern verbrachten. 57 Prozent der Klein- und 47 Prozent der Schulkinder bis 14 Jahre wurden in den Sechzigerjahren von Verwandten betreut, zumeist von den Großmüttern. Nun darf man nicht vergessen, dass damalige Omas und Opa noch eher dem Bild entsprachen, das man gemeinhin hat: sehr weißhaarige Menschen, geschlechtsspezifisch mit Tabakpfeife oder Häkelzeug ausgestattet, die auf einer Bank im Park sitzen. Heute sind Großeltern weder im Aussehen noch bei der sportlichen Kondition und schon gar nicht in ihrer Lebenseinstellung von ihren erwachsenen Kindern zu unterscheiden.

Mein Nachbarfreund Ben Schleithanke wuchs bei seiner Großmutter auf, die, immer schwarz gekleidet, am Küchentisch saß und kopfschüttelnd »Nee-o-nee« sagte, egal ob Ben eine Zwei (selten) oder eine Fünf (häufiger) mit nach Hause brachte, der Handwerker den Siphon austauschte und das Haus unter Wasser setzte oder Ben sie zum Geburtstag mit einem riesigen Blumenstrauß überraschte. Wenn wir die beiden manchmal beobachteten, wie sie zur Pro gingen (so hieß der einzige Supermarkt, den es bei uns gab, und der von der Größe heute vielleicht noch als Späti durchgehen würde), Ben in der Mitte, links Oma Neeonee an der Hand, rechts ihr halb blinder Rehpinscher an einer absurd dicken Leine, fragten wir uns immer, wer hier eigentlich wen betreute.

Als Einziger von uns hatte Ben nie Zeit für Langeweile. Nach der Schule trug er Prospekte aus, abends trug er Oma ins Bett. Irgendwann starb Oma Neeonee, und auch Ben verschwand aus der Nachbarschaft. Sein Schicksal ist ein sehr gutes Beispiel, was die Gesellschaft in den letzten Jahren für Fortschritte gemacht hat bei der Unterstützung von Familien im Alltag. Es gibt heute ehrenamtliche Netzwerke, die sich um Familien kümmern, denen, warum auch immer, wenig Zeit füreinander bleibt, aufmerksamere Lehrer, die oft mit Sozialarbeitern in Kontakt stehen, und Jugendämter, die wesentlich besser ausgestattet sind, als das früher der Fall war. Denn, da sind sich Erziehungswissenschaftler, Psychologen und Soziologen endlich einig: Eine unbetreute Kindheit kann sich sehr negativ auf Kinder auswirken und das Seelenheil im Erwachsenenleben beeinträchtigen.

Was das zum Beispiel bedeuten kann, zeigt eine Studie aus den USA, die im Jahr 2004 für Aufsehen sorgte. Die Verfasser, eine Gruppe von Marktforschern, kamen zum Ergebnis, dass die Generation X (zu der die Forscher die Jahrgänge 1965 bis 1979 zählten), die »least parented generation in U.S. history«[30] sei. Im Deutschen gibt es leider keine so schöne adjektive Beugung des Substantivs »Eltern« wie im Englischen, deshalb muss man den Satz im übertragenen Sinne übersetzen, dass es vor und nach der Generation X keine Generation von Kindern gegeben habe, deren Eltern so wenig Zeit für sie gehabt hätten.

Das Ergebnis der Studie schien ein Ventil geöffnet zu haben, das eine Flut an Offenbarungsäußerungen in die Kommentarspalten der klassischen und sozialen Medien spülte, die dort noch heute zu besichtigen ist. Da liest man Erlebnisse von Menschen, die sich bereits als Siebenjährige täglich ihr Mittagessen selbst zubereiten mussten, von Teenagern, die mit zwei

Kinderwagen jonglierten, um ihre Geschwister (die sie gerade aus Krippe und Kindergarten geholt hatten), halbwegs sicher nach Hause zu transportieren, und immer wieder werden in Variationen Geschichten erzählt von den einsamen Erlebnissen auf der Straße, an deren Ende immer die gleiche Frage auftaucht: Warum haben meine Eltern sich damals eigentlich nicht dazu aufgerafft, mehr Zeit mit mir zu verbringen?

Die Antwort ist aus heutiger Sicht einfach: Die Gesellschaft war noch nicht soweit, herumstreunende, sich selbst überlassene Kinder als Problem zu sehen. Tatsächlich gab es auch in den USA kaum Ganztagsbetreuungsangebote – Eltern wurden alleingelassen mit der Folge, dass sie ihre Kinder alleinlassen mussten.

Für Deutschland gibt es keine entsprechende Studie, und doch kommt mir vieles, was die amerikanischen Vertreter der Generation X über ihre Kindheit erzählen, sehr vertraut vor. Die Abwesenheit von Eltern war ein prägendes Nachmittagsmoment dieser Zeit, obwohl ich selbst gar nicht direkt betroffen war. Ich profitierte dagegen von den überall herumlungernden Sieben- bis Zwölfjährigen, von denen irgendeiner immer eine Idee zur adäquaten Freizeitgestaltung hatte, und meistens war es Dierk Knüllenstedt, der einen auf recht fantasievolle Weise auf nachmittägliche Abenteuerreise schickte (bei Herrn und Frau Holsten-Kaschuba einen Klingelstreich machen, danach André Pitkovic Brennnesseln in die Sandalen stecken – Dierk hielt ihn so lange fest –, zum Schluss drei Rubbellose bei Paschke holen und direkt bei Dierk abgeben).

Es gab damals eine Mopedgang, die streng genommen lediglich aus einem einzigen Mitglied bestand, einem gewissen »Scholzi«, dem schon ein paar Haare über der Oberlippe sprossen und der Zigarette rauchte und als einziger ein Moped besaß. Den Rest der Mopedgang komplettierten Unterzwölfjährige, die immer sehr stolz in Scholzis Nähe standen und so taten, als warteten sie nur darauf, dass sie gleich ihr eigenes Moped aus der Garage holen könnten, aber hustend umkippten, wenn Scholzi den einen oder anderen zwang, einen Zug aus seiner Zigarette zu nehmen. Alle Mitglieder der Mopedgang einte, dass niemand auf sie aufpasste, und so kam es, dass sich Dierk einmal zu Scholzi auf das Moped setzte und der dann mit ihm losfuhr. Es ging exakt drei Kurven lang gut, bis Scholzi das Gleichgewicht verlor und ins Schleudern kam. Beide segelten aufs Pflaster, wobei Scholzi einen Helm trug, Dierk nicht. Dierk kam sehr lange ins Krankenhaus und musste daraufhin das Schuljahr wiederholen. Seine Eltern besuchten ihn nur sehr selten im Spital, es fehlte ihnen an der Zeit.

Ich war kein Schlüsselkind, und ich durfte auch nicht auf den Garagenvorplatz, wo sich die Mitglieder der Ein-Moped-Mopedgang nachmittags versammelten. Meine Mutter arbeitete nach der Geburt meines Bruders zwar eine Zeit lang wieder vormittags in unserem Kirchenkindergarten, beendete das jedoch in dem Moment, als ich in ihrer Abwesenheit einmal versuchte, mir mein Mittagsessen selbst zuzubereiten, indem ich die Zutaten auf einem Porzellanteller verteilte, den ich direkt auf einer Herdplatte erhitzte, bis er laut donnernd platzte.

Uns modernen Eltern wird ja immer mal wieder vorgeworfen, wir würden zu präsent im Leben unserer Kinder sein, uns zum Leidwesen der Lehrer in den Schulunterricht einmischen, auf Elternabenden in der Kita mit ständigen Zwischenfragen die Leiterin aus dem Konzept bringen und am liebsten am Morgenkreis teilnehmen (mit unserem Kind auf dem Schoß). Ich möchte darauf antworten: Auch in den Achtzigerjahren gab es schon engagierte Eltern, die bei der Klassenzimmerrenovierung halfen oder dafür sorgten, dass aus ihrer Sicht ungeeignete Lehrer von heute auf morgen aus ebendiesem Klassenzimmer verschwanden (was ja auch eine Art der Renovierung ist). Meine Mutter gehörte der Redaktion der Schulzeitung an und schrieb zum Beispiel darüber, wie sehr es sie besorgte, dass ihre Söhne mit Hingabe *Ein Colt für alle Fälle* guckten, eine US-Actionserie im ZDF mit ordentlich Rumms, die damals im Verdacht stand, Heranwachsende zu verrohten Gewalttätern zu machen. Gemessen an mir und meinem Bruder muss man heute sagen, dass diese These überzogen war. Später organisierte meine Mutter den Schulkiosk und sorgte gleich dafür, dass die Schaumküsse (richtig, sie hießen damals noch anders und es ist gut, dass wir sie heute nicht mehr so nennen) aus ernährungsphysiologischen Gründen aus dem Programm genommen wurden, was mich damals bei meinen Mitschülern nicht unbedingt beliebter machte. Spätestens als sich meine Mutter einmal mit dem mir nicht sehr gewogenen Klassenschläger anlegte, weil der sich ständig in der Schlange vordrängelte, liebäugelte ich mit der Idee, einen Schlüssel um den Hals zu tragen. Wenn ich dann aber mittags nach Hause kam, am Küchentisch saß, warmen Kartoffelbrei in mich reinstopfte und dabei am typischen Frage-Antwort-Spiel »Wie war's – Hast du deine Milch getrunken? – Musst du noch für morgen lernen?« teilnahm, war ich genau dafür sehr dankbar.

An dieser Stelle mag der ein oder andere einwerfen, dass es ein Unterschied ist, ob man den Schulkiosk betreibt und den Klassenraum renoviert oder ob man sich konkret in den Schulunterricht, Elternabend oder sonst etwas einmischt. Ich halte dagegen, dass beides derselben Motivation entspringt: Den Raum, buchstäblich wie im übertragenen Sinne, in dem unsere Kinder täglich eine Menge Stunden verbringen, wohnlich zu gestalten, sodass sie sich wohlfühlen und gern hingehen. Und wenn es dazu gehört, dass man dem Lehrer drei unangenehme Fragen stellt oder abends noch mal eine E-Mail schreibt – warum nicht? Ein Kind, das zwölf Jahre lang zur Schule geht, verbringt dort locker mehr als zehntausend Stunden seines Lebens. Ist es übertrieben, sich zu wünschen, es möge sie bereichern statt anzuöden oder sogar zu quälen? Unter Schülern gehört es zwar schon fast zum guten Ton, nicht gern zur Schule zu gehen, doch warum sollten wir nicht versuchen, das zu ändern? Ist es nicht gerade ein Zeichen von besonderer Fürsorge, wenn wir Missstände aufzeigen und verbessern, getreu dem Motto: »Love it, change it or leave ist«? (»Liebe es, verändere es oder lasse es hinter dir.«)

Ja, bei allem Aktionismus, den man für seine Kinder an den Tag legt, sollte man die Relationen wahren und keinen Elternabend mit individuellen Details sprengen oder die Lehrerin abends um 22 Uhr mit drängenden Telefonaten heimsuchen – das hat bis morgen Früh Zeit und kann genauso gut schriftlich festgehalten werden. Einem konstruktiven Gespräch mit einem besorgten Elternteil darf ein Lehrer jedoch gern jederzeit aufgeschlossen gegenübertreten, und Eltern, die dieses Gespräch suchen, haben jedes Recht dazu und müssen nicht mit gerümpfter Nase abgeurteilt werden.

Zu Zeiten meiner Mutter war das unüblich, und heute sehe ich, wie fortschrittlich sie war. Weil sie tagsüber Zeit hatte, und ihr nicht verborgen blieb, dass vielen anderen Müttern diese Möglichkeit fehlte, etablierte sie, auch das erzählt viel über die damalige Zeit, eine Art ehrenamtlichen Betreuungsservice für einige unserer Schulkameraden, auf die nach der Schule niemand mit warmem Kartoffelbrei wartete. Regelmäßig brachten mein Bruder und ich verschiedene Kinder mit nach Hause, die abends von ihren völlig fertigen Müttern abgeholt wurden. Ich erinnere mich noch, wie komisch es mir immer vorkam, wenn diese Mütter sich überschwänglich für die nachmittägliche Entlastung bedankten, weil ich die Bedeutung dieser Hilfe nicht ansatzweise einordnen konnte. Viele waren alleinerziehende Mütter, damals noch ein eher seltenes Phänomen, auf das die Gesellschaft keine Antworten hatte. 1980 lebten etwas über 165.000 Alleinerziehende in Deutschland (die allermeisten von ihnen waren Frauen),[31] und mit jedem Jahr wurden es mehr. Heute sind es 2,6 Millionen (1,5 Millionen davon mit mindestens einem minderjährigen Kind).[32]

Damit setzte in Deutschland eine Entwicklung ein, die in den USA bereits zehn Jahre früher beobachtet wurde. Der deutliche Anstieg von Scheidungen galt als eine der Folgen des Kulturwandels, der durch die zunehmende weibliche Selbstermächtigung in den westlichen Industrienationen seit den Fünfzigerjahren vorangetrieben wurde. Allein in den Siebzigerjahren wurden in den USA über vierzig Prozent aller Ehen geschieden – mit entsprechenden Konsequenzen für die Kinder aus diesen Ehen. Die US-Buchautorin Susan Gregory Thomas, früher selbst ein

Schlüsselkind mit leidvollen Erfahrungen, schrieb in einem Aufsatz für die George Lucas Educational Foundation, die zu Schul- und Bildungsfragen forscht: »Im Gegensatz zu den Babyboomern (Geburtsjahre 1946 bis 1964) und der Generation Y (1980 bis 2001) ist die Generation X von Soziologen bis jetzt kaum untersucht worden – obwohl es sich bei uns um 48 Millionen Amerikaner handelt, weiß die Gesellschaft wenig über uns. Eine Ausnahme gibt es allerdings, und die betrifft gleich einen ganzen Berufsstand: Lehrer. Die kennen uns Vertreter der Generation X nur allzu gut, weil wir ihnen heute als Eltern nicht gerade leise gegenüber treten – und sie oft in den Wahnsinn treiben. Wir sind es, die schon im Vorschulalter entwicklungsgerechte Spielzeiten für unsere Dreijährigen forderten. Im Kindergarten verzweifelten wir daran, wenn die Kinder anderer Eltern anfingen *Katze und Ratte* zu lesen, während unsere Ruby oder unser Dylan immer noch Schwierigkeiten hatte, einzelne Buchstaben auseinanderzuhalten. Wir sind der festen Überzeugung, dass der Lehrer auf unsere Kinder zu viel Druck ausübt, wenn er ihre Leistungen mit Sternchen benotet. Wir nehmen jedes Elterngespräch wahr, um unsere Vorschläge für alternative pädagogische Unterrichtskonzepte zu präsentieren. Wir nerven ohne Unterlass.

Wenn unsere Kinder dann nach der Grundschule auf eine höhere Schule kommen, wird es noch schlimmer. Dann wissen wir ganz genau, dass das Mathematikprogramm für unser Kind nicht herausfordernd genug ist. Wir beschweren uns per Mail beim Klassenlehrer über die Sitzordnung im Klassenzimmer. Wir sprechen den aus unserer Sicht viel zu seichten Kunstunterricht an und würden mit anderen Eltern auch einen gemeinsamen Staatsstreich anzetteln, wenn sich nichts ändert. In der Mittelschule sorgen wir für enge Zeitpläne und eine professionelle Arbeitsunterstützung, als wären unsere Kinder Wirtschaftsanwälte. Pass gut auf, High School: Unsere Kinder kommen. Warum sind wir nur so widerwärtig, selbstgerecht und unerbittlich? [...]. Die wichtigste Erkenntnis ist eine Binsenweisheit aus der Psychologie: Wenn du wissen willst, welche Erfahrungen aus deiner eigenen Kindheit bis heute nicht verarbeitet sind, dann sollst du selbst Kinder haben. Um unser Verhalten als Eltern zu verstehen, müssen wir kapieren, dass wir, wenn auch oft unbewusst, für unsere Kinder heute das tun, was früher niemand für uns getan hat. [...] Man muss dazu wissen, dass die Hälfte aller Eltern dieser Generation in Scheidung lebte. Wir waren die ersten, die in Rekordzahlen von Babysittern aufgezogen wurden, und fast die Hälfte von uns waren Schlüsselkinder. Wir haben auf uns selbst aufgepasst, seit wir zur Schule gegangen sind. Und wir haben heute Schwierigkeiten, Autoritätspersonen zu vertrauen, weil unsere eigenen nicht vertrauenswürdig waren, als wir aufwuchsen. Unsere Eltern wussten nicht, was in der Schule vor sich ging, und unsere Lehrer wussten nicht, was zu Hause vorging. Wir werden das bei unseren Kindern anders machen. Wir werden alles tun, damit unsere Kinder bekommen, was sie brauchen.«[33]

Susan Gregory Thomas bringt die heutige niedrige Scheidungsrate in den USA auch damit in Verbindung, dass viele Scheidungskinder diese Erfahrung ihren eigenen Kindern ersparen wollen und deshalb häufig erst gar nicht heiraten.

Scheidungskinderschicksale waren in meinem Umfeld nicht unnormal; in meiner Grundschulklasse wuchsen von zwanzig Kindern sechs Schüler bei nur einem Elternteil auf, also fast ein Drittel. Und da es damals keine flächendeckenden Betreuungsmöglichkeiten gab, waren es vor allem diese Scheidungskinder und jene, bei denen beide Eltern ganztägig arbeiteten, die schon von früh auf selbstständig werden mussten. Und natürlich empfand ich so etwas wie Mitleid, wenn ich mich nach der Schule auf ein schönes Mittagessen in Gegenwart meiner Mutter freuen konnte, während André Pitkovic sich mit einer Capri-Sonne auf die Stufen zum Pro-Markt setzte und Uwe Stengelmaier allein in der schattigen, mit hellbraunen Siebzigerjahre Kacheln gefliesten Küche saß, sich eine Flasche Ketchup auf die kalten Bratkartoffeln kippte und dabei dem monotonen Ticken der Küchenuhr zuhörte.

In Deutschland gibt es kaum noch Schlüsselkinder, aber ich kenne ein ehemaliges Schlüsselkind sehr gut, das hier nicht namentlich in Erscheinung treten möchte. Es wurmt sie (richtig, es ist eine Frau), dass ihre getrennt lebenden Eltern, die nie Zeit für sie hatten, heute versuchen, alles wiedergutzumachen. Und zwar nicht, indem sie ihre Reue bekunden, sondern indem sie ihre Enkelkinder mit Geschenken überhäufen, ständig neue Festplatten für die Milliarden Fotos anschaffen, die sie von ihnen machen, und das Schlimmste: auf einmal an den Wochenenden Zeit haben, um mit den Kleinen in den Freizeitpark zu fahren oder ins Kino zu gehen. Alles Dinge, nach denen sich meine Bekannte selbst als Kind gesehnt hat, aber nie bekam, weil Mutter einfach viel zu kaputt war, um sich um ihre Tochter zu kümmern.

Es sind auch die Geschichten dieser Schlüsselkinder, die es mir heute so schwer machen, meinen Sohn mal sich selbst zu überlassen. Ein allein spielendes Kind hat für mich immer etwas Verlorenes an sich, ganz gleich, wie glücklich es in diesem Moment auch sein mag. Ich kann es einfach nicht ertragen, den Jungen zu beobachten, der so oft allein bei uns auf dem Bolzplatz gegen sich selbst antritt.

Vielleicht habe ich einfach ein schlechtes Gewissen, denn fast jeden Tag fragte mich Uwe Stengelmaier, was ich nach der Schule mache, und oft log ich dann, weil Uwe Stengelmaier in der Regel eine genaue Vorstellung davon hatte, was gespielt werden sollte und welche Playmobilfiguren man dafür in welches Auto setzen durfte, wo genau man dieses Auto hinsteuern durfte (und wohin nicht). Und nie durfte ich seinen ferngesteuerten Evil Knievel durch den Reifen springen lassen, weil ich ja etwas kaputtmachen könnte. Lieber steckte Uwe den Feuerreifen selbst auf die Halterung, drückte zu fest drauf, worauf das Scharnier abbrach. Alles kaputt, und Schuld war ich, weil ich ihn angeblich abgelenkt hatte. Regelmäßig begann Uwe in solchen Momenten laut zu heulen, und ich wusste nicht, was ich machen sollte. Denn egal was ich anbot, es war falsch.

Ich fühlte mich nie wohl bei den Stengelmaiers, vor allem wenn wir nicht allein waren. Alles war verboten. Uwe, nicht an den Schrank mit den Glastüren gehen! Uwe, hast du die *Hörzu* angefasst, da sind Flecken drauf! Uwe, es wird nicht gepopelt! Uwe, hast du doch gepopelt? Jetzt gibt's aber den Pell voll!

Außerdem war es nicht erlaubt, im riesigen Wohnzimmer zu spielen. Er bekam sonst abends Ärger von seinen Eltern, die nie einen Gedanken daran verschwendeten, mit ihm zu spielen, auch nicht im Kinderzimmer. Ich sagte ihm damals also oft ab, wenn er fragte, ob ich zu ihm kommen wolle, und überließ ihn damit seiner nachmittäglichen Einsamkeit.

Ist es das, was mich heute dazu antreibt, mit meinem Sohn jede freie Minute auf dem Bauch zu liegen und Lego-Schienen durch die ganze Wohnung und insbesondere im Wohnzimmer zu verlegen? Und ihm sogar zu schwören, dass dort die Lego-Stadt bis zum Nimmerleinstag stehen darf, obwohl sie unser Bücherregal blockiert?

Wenn mein Sohn in seinem Zimmer ins Spiel versunken ist, singt er dabei gern leise vor sich hin. Ich habe dann oft das Bedürfnis, mich neben ihn zu setzen, obwohl er in diesem Moment diese Nähe vielleicht gar nicht braucht. Und natürlich bin ich in solchen Momenten nicht frei davon zu überlegen, ob es nicht auch wichtig ist, dass er sich mit sich selbst beschäftigt. Aber dann fällt mir ein, dass er ja auch sagen könnte: »Lass mich mal in Ruhe, Papa.« Solange er diesen Wunsch nicht äußert oder mir das durch sein Verhalten signalisiert, bin ich mir sicher, dass ich ihn mit meiner Liebe nicht erdrücke. Und dann setze ich mich zu ihm, bewundere seine Lego-Knetmasse-Kreation, lasse mir erklären, warum auf dem Dach des Raumschiffes eine Kloschüssel und ein Roboter-Arm befestigt sind, und bin sehr glücklich.

In einer der langen Kommentarspalten unter den vielen Artikeln, die in amerikanischen Medien von der Least-Parenting-Generation handeln, ist mir ein Kommentar im Gedächtnis geblieben. Eine Userin schrieb: »Meine Mutter meinte neulich, dass sie die heutigen Erziehungsmethoden für völlig überzogen halte – sie hätte früher ja auch nicht so viel mit uns Kindern gespielt. Ja, Mama, ich erinnere mich.

Aus genau diesem Grund spiele ich heute so viel mit meinem Kind.«

Jesper Juul sagte einst bei einem Vortrag unter großem Gelächter, heutige Eltern erinnerten ihn an Flugbegleiter.[34] Da ist es wieder, dieses Pauschalisieren und das Sich-lustig-Machen über Mütter und Väter, die wie nie eine Elterngeneration zuvor wahnsinnig viel Zeit von ihrer wenigen Freizeit abknapsen, damit ihre Kinder sich behütet und gewertschätzt fühlen. Flugbegleiter geben einem im Flugzeug übrigens ein Gefühl von Sicherheit, das man auch als Erwachsener nicht missen möchte. Wie oft schaut man bei Turbulenzen nervös zu den Männern und Frauen in der Airline-Uniform und fühlt sich geborgen, wenn sie dann ganz souverän und entspannt an den Platz kommen und sagen, dass alles gut sei, während einem selbst noch die Pumpe geht vor Angst? Dass Flugbegleiter so fürsorglich und achtsam sind wie heutige Eltern, wollte Jesper Juul natürlich nicht ausdrücken, ihm ging es darum, Eltern zugespitzt als Servicekräfte ihrer Sprösslinge darzustellen. Kann man machen. Aber hat er auch Vorschläge, wie man frühere Eltern bezeichnen könnte? Aquariumsbesitzer: Ab und zu mal reinschauen, füttern und sauber machen, und das war's?

Womit wir wieder bei Dierk Knüllenstedt sind, der die meiste Zeit seiner Kindheit wie ein Getriebener durch die Straßen bummelte, egal ob es stürmte oder hagelte, und sich in solchen Momenten bestimmt ein paar Flugbegleiter gewünscht hätte.

Ich erinnere mich an einen Nachmittag, als ein Gewitter mit dunklen Wolken und grummelndem Donner heraufzog. In so einem Moment ließ sich gut überprüfen, in welchem

Behütungsstadium die einzelnen Kinder auf der Straße aufwuchsen. Es gab auch damals einige wenige Eltern, die ihr Kind schon beim ersten Regentropfen in eine Öljacke wickelten und sie nach Hause zerrten, als bestünde der Regen aus reiner Salzsäure (und für die ich heute eine gewisse Sympathie hege). Den meisten Kindern wurde, sobald der Regen einsetzte, sukzessive aus sich öffnenden Fenstern zugebrüllt, nun aber sofort reinzukommen. Uwe Stengelmaier bekam meist einen Backs obendrauf, wenn er mit nassen Haaren und noch nasseren Stiefeln nach Hause gewatet kam, nachdem sich Frau Stengelmaier am Fensterrahmen heiser geschrien hatte. Und Dierk? Der blieb draußen.

»Dierk, es gibt gleich ein Gewitter«, rief ich ihm zu, als mir der Donner schon durch Mark und Bein ging.

»Lass es doch auch mal«, entgegnete er und blieb unbeeindruckt auf dem Ast des Baumes sitzen, dessen Rinde er gedankenverloren mit einem Taschenmesser bearbeitete.

»Willst du zu mir mitkommen?«, fragte ich mitleidig und zuckte beim nächsten Donner zusammen, aber Dierk, der vier Jahre älter war, schüttelte den Kopf mit einer Geste, die ich sehr gut kannte und mit der er signalisierte, dass er viel zu alt dafür sei, auf meinem Kinderbettchen Platz zu nehmen und die Stofftiere zu sortieren.

Dierk hatte eine große Schwester, die schon studierte und auf die Dierks Eltern sehr stolz waren. Seine Mutter erzählte sehr viel von Heike, die in Stuttgart lebte und dort vielleicht sogar ihren Doktor machen würde. Dierks Vater war irgendwas Hohes in irgendeiner Anwaltskanzlei und wenn er mal zu Hause war, dann beschäftigte er sich hauptsächlich damit, ein Haus für seine Familie in einem anderen

Teil der Stadt zu suchen, der ihrer sozialen Situation besser entsprach. Er teilte das den Nachbarn auch genauso mit, wenn er, wie immer sehr gehetzt, mal Zeit fand für ein kurzes Gespräch auf der Straße. Dierk, so schien es jedenfalls, war nicht unbedingt der letzte Baustein, der den Knüllenstedts zu ihrem Glück fehlte, und wie jedes Kind wird er das genauso gespürt haben.

Jesper Juul vertritt die These, dass wir unsere Kinder heute oft überforderten, weil sie für uns ein Glücksbaustein seien und wir sie ständig um ihre Meinung bitten würden, ihnen viel zu oft die Führung überließen und ständig ins Zentrum unseres Handelns stellten. Ich denke jedoch, ein Kind, das sich der Aufmerksamkeit der Eltern bewusst ist und das spürt, dass es ihnen nicht egal ist, was es denkt, fühlt und welche Bedürfnisse es hat, wird sich niemals dafür entscheiden müssen, im Geäst eines Baumes einen Gewittersturm zu verbringen, nur damit endlich mal jemand zu ihm aufsieht und beeindruckt ist. Und sei es auch nur ein vier Jahre jüngerer Nachbarsjunge.

Zu viel Nähe gibt es nicht. Jeder Mensch will geliebt werden und Kinder ganz besonders. Sollten sie der Nähe und Fürsorge ihrer Eltern tatsächlich einmal überdrüssig sein, so werden sie sie das wissen lassen.

6. Warum es heute leichter ist, Kinder gesund zu ernähren

Oder: »So ein bisschen Zucker hat noch keinem geschadet«

Wir hatten zu Hause einen sehr dezenten Süßigkeitenvorrat, der sich oft in ein paar staubigen After-Eight-Zartbitter-Täfelchen oder starker Salzlakritze erschöpfte, die meine Oma fässerweise auf Butterfahrten einkaufte. Beides war nicht unbedingt auf die Geschmacksnerven von Zehnjährigen zugeschnitten, aber was soll man sonst lutschen an einem Sonntagnachmittag bei komplett leerem Sparschwein? Die Salzlakritze verursachte einem schon nach wenigen Stücken komische Gefühle, und ich hatte danach immer einen sehr unangenehmen Durst und ein ausgeprägtes Redebedürfnis; häufig lag ich abends lange wach, weil sich meine Augen nicht schließen ließen.

Wenn irgendwann selbst Lakritz und After Eight alle waren, musste improvisiert werden. Ich schreckte in solchen Momenten nicht davor zurück, ein komplettes Glas mit Cefrisch-Pulver auszulöffeln (immer im Winkel hinter der geöffneten Kinderzimmertür, damit es keinen Ärger gab), ich lutschte dunklen Kandiszucker, der irgendwie nach süßer Maggisauce schmeckte, aber in Zeiten der Not wurde nicht gejammert, und es gab die verbotene

Schublade im Wohnzimmer. Da lagen Dinge drin, die uns Kindern strengstens untersagt waren, was sie damit nicht uninteressanter machte.

Eines Tages fand ich dort eine große Packung einzeln in rosa Silberfolie verpackte Schokoladenstücke, die mit Kirschen gefüllt waren, was einigermaßen aufregend war, weil die Kirsche in die Schokolade eingebaut war wie die gelbe Plastikkapsel ins Überraschungsei. Die Schokolade schmeckte wie richtige Schokolade, das war gut, denn der Kirschsaft, der austrat, rann bitter über meine Zunge. Dafür war die Kirsche wiederum so lecker wie die Kirschen, die auf einem Stück Sahnetorte aus der Tiefkühltruhe saßen. Wenn man sich den Saft wegdachte, indem man ihn schnell schluckte und den scharfen Nachgeschmack durch intensives Gelutsche an der Schokolade abmilderte, konnten die Kirschpralinen tatsächlich gefallen.

Ich knibbelte die Folie der einzelnen Stücke auseinander und überlegte, ob man sie vielleicht sammeln sollte. Sie eignete sich bestens, um Playmobilfiguren witzige Kopfbedeckungen zu basteln, was mir allerdings mit jedem Silberpapier, das ich auspackte, schwerer fiel. Irgendwann rutschten mir die Figuren aus der Hand. Eine landete dabei unglücklich unter dem schweren Kleiderschrank. Ich lief zum Schreibtisch, um ein langes Lineal zu holen, und wunderte mich, dass ich mehrere Anläufe brauchte, bis es mir gelang, es aus dem Topf mit den vielen Stiften zu greifen. Ich stolperte zurück und legte mich auf den Boden, um unter den Schrank zu schauen, da entdeckte ich, dass mindestens zwei Figuren dort unten lagen. Kann irgendwann passiert sein, dachte ich noch, bevor ich registrierte, dass es zwei Ritter waren, obwohl ich doch nur einen besaß. So sehr ich mich auch bemühte, ich erreichte den Ritter nicht. Obwohl ich mit dem Lineal genau in seine Richtung zielte, krümmte es sich immer in eine andere Richtung. Ich gab auf und wollte aufstehen – es ging nicht.

Ich konnte den Kopf nicht vom Boden lösen und robbte irgendwann, weil ich allmählich ängstlich wurde, ins Wohnzimmer. Dort lief im Fernsehen gerade die Ziehung der Lottozahlen. Beim Blick in die Glastrommel, in der unzählige weiße Bälle hin- und herflogen, begann es plötzlich, sich auch in meinem Kopf zu drehen. Ich öffnete den Mund, um meinen Eltern zu sagen, dass ich mich krank fühlte, kotzte stattdessen jedoch auf den Teppich. Bei dem sich bietenden Anblick hätte man denken können, ich hätte zu viele Schattenmorellen und Schokoladenkekse auf einmal gegessen, wenn nicht der Geruch nach billigem Schnaps gewesen wäre.

Kinder und ungesunde Lebensmittel gehen oft eine gefährliche Verbindung ein. Es sind nicht nur die eigenen Erfahrungswerte, die uns heute im Umgang mit Lebensmitteln bewusster handeln lassen. Auch unsere Einstellung zur Ernährung hat sich in den vergangenen zwei Jahrzehnten stark gewandelt. Für einige Menschen ist das nicht nachvollziehbar. Schließlich wurde und wird Liebe oft in Form von Süßigkeiten gezeigt. Wer das nicht möchte, weil er sich mit den Folgen von zu viel Zucker auseinandergesetzt hat, muss seine Kinder im Zweifel vor Sätzen (und darauffolgenden Handlungen) wie »Das bisschen Zucker« und »Nun lass das Kind doch mal naschen« schützen. Das kann zu ideologischer Kriegsführung am Küchentisch führen. Dabei geht es hier nicht um Ideologie, sondern um zivilisatorische Entwicklung – und die macht zum Glück nicht bei der eigenen Gesundheit halt.

Es gibt leider keine genauen Statistiken darüber, wie viele Kinder im Alter von acht bis zwölf früher mindestens einmal eine stramme Alkoholvergiftung durch Mon Chérie erlitten haben. Aber man findet Studien darüber, wie sich der Industriezuckerkonsum bei Kindern in den vergangenen dreißig Jahren verändert hat, und der ist, bezogen auf das mittelständische Milieu, zurückgegangen. Der Konsum zuckerhaltiger Getränke hat dabei besonders abgenommen.[35] Dafür mag es viele Gründe geben: Die breite Aufklärungsleistung in Schulen und Kindergärten, das gestiegene Gesundheitsbewusstsein bei vielen Eltern und eine größere Sensibilität in der Gesellschaft bei diesem Thema – Medien wie *Der Stern* haben längst erkannt, dass sie mit Investigativgeschichten über die Zuckerindustrie Auflage machen können.

In Sachen Ernährung ist der Lebensstil, den wir zu Hause pflegen, voller Widersprüche, und es vergeht kein Tag, an dem wir nicht »Aua« sagen müssten, weil vieles, das wir uns für unser Leben und das Leben unseres Sohnes als Ideal vorstellen, von der Realität torpediert wird. Das fängt beim Fleischkonsum an, der mittlerweile ein reiner Geflügelverzehr geworden ist. Das hat zum einen damit zu tun, dass wir wissen, dass rotes Fleisch nicht gesund ist (erhöhtes Krebsrisiko), genauso wie Schwein selbst in Bioqualität viel zu wenig Nährwert hat und zudem im Verdacht steht, den Hormonhaushalt zu beeinträchtigen (es gibt ja Weltreligionen, die seit Jahrtausenden einer schlauen Regel folgen). Außerdem ist für uns der Gedanke unerträglich, ein Stück eines Tieres zu essen, das wir eventuell schon mal gestreichelt haben, während wir am Samstag wieder mal auf dem

Biohof-Fest waren (auch so eine Freizeitbeschäftigung, die vor ein paar Jahrzehnten keiner Familie in Deutschland eingefallen wäre). Darum geht Lamm nicht, während Geflügel zum Glück nicht ganz so kuschelig aussieht, sobald es das Kükenalter hinter sich gelassen hat. Ich glaube sogar, dass die Putenzüchtung von Anfang an darauf ausgelegt war, die Tiere so hässlich wie möglich zu machen, dass Beißhemmung beim Verbraucher gar nicht erst entsteht. Und gestreichelt haben wir die Vögel auch noch nie.

Im Kindergarten unseres Sohnes gibt es viele Kinder, die ganz selbstverständlich vegetarisch ernährt werden und trotzdem nicht offensichtlich an Mangelernährung leiden; unsere neunjährige Nichte ist vor einigen Jahren aus eigener Überzeugung Vegetarierin geworden und zieht das bemerkenswert souverän durch. Während in Deutschland noch Anfang der Fünfzigerjahre im Schnitt knapp fünfzig Kilogramm Gemüse pro Kopf im Jahr verbraucht wurden, war es 2010 fast doppelt so viel. Der Konsum von frischem Obst hat sich etwa verdreifacht.[36] Unser Sohn wird also in einer Welt groß, in der es Common Sense ist, dass es eine Alternative zum Fleischkonsum gibt und dass Menschen, die auf Fleisch verzichten, nicht geistig umnachtet sind. Ganz im Gegenteil, Kinderbuchfiguren wie der Fressdrache Oskar aus der Bilderbuchreihe *Der kleine Drache Kokosnuss* zeigen, wie schlau es ist, auf Fleisch zu verzichten. Unser Sohn hat sogar von sich aus schon einmal »das mit dem Vegetarier-Sein« ausprobiert, bis er feststellen musste, dass Omas Fleischklöße aus Fleisch sind. Von da an wollte er doch kein Vegetarier mehr sein.

Auch in den Siebziger- und Achtzigerjahren musste man kein Tierschutzaktivist sein, um zu wissen, dass

Massentierhaltung per se nichts ist, auf dessen Unterstützung man als Verbraucher stolz sein sollte. Es brauchte aber noch ein paar lange Staffeln Lindenstraße, bis das Thema in den Neunzigerjahren einigermaßen Mainstream wurde. Mittlerweile haben sich sehr viele der aktuellen Teenager-Idole mindestens einmal für die Tierschutzorganisation PETA ausgezogen, und deshalb kann heute kein Überzehnjähriger mehr behaupten, er wüsste nicht, wie das Tier gelebt hat, dessen Einzelteile für wenig Geld auf seinem Teller liegen. Diese ethische Sensibilität gab es früher nur in der Nische, genauso wie das Wissen, dass billiges Industriefleisch auch qualitativ gesehen große Nachteile gegenüber dem Fleisch hat, das von einem kleinen, traditionell geführten Bauernhof stammt.

Natürlich gab es in den Siebziger- und Achtzigerjahren schon die Möglichkeit, Vegetarier zu sein oder zumindest Fleisch in Bioqualität zu kaufen, allerdings taten das nur ganz wenige. Die Gesellschaft war noch nicht so ausdifferenziert wie heute, alternative Lebensführung war etwas, wonach man aktiv suchen musste, und nichts, was einem hier und dort ins Auge sprang. Es gab nur wenige Waldorfschulen, von Montessori-Kitas oder Waldkindergärten ganz zu schweigen, von denen ein entsprechender Wertewandel hätte ausgehen können. Ohnehin war Fleischverzicht in den Augen der Mehrheit irgendwie verdächtig. In der *Tagesschau* wurde Stricken im Bundestag (Die Grünen!) Anfang der Achtzigerjahre mit Verrohung politischer Sitten gleichgesetzt.

In diesem gesellschaftlichen Klima war gesunde Ernährung kein Thema, Hauptsache die Kinder wurden satt (oder wie es so schön hieß: fielen nicht vom Stängel). Unsere heutigen Informationswege sind dagegen viel zahl- und facettenreicher. Jede Studie, die einem Lebensmittel eine negative Wirkung bescheinigt, deren Konsequenzen eine Zahl von Menschen berührt, die vielleicht im Promillebereich liegt, wird generalisiert und dadurch bedrohlich. Wer sich in den sozialen Medien zum Beispiel über Themen wie Acrylamid oder Polyphosphat informieren möchte, ist schon verloren. Es dauert Stunden, bis man gegenteilige Meinungen von der üblichen Panikmache getrennt hat, nur um am Ende den Eindruck zu gewinnen, im Vergleich zur Lebensmittelindustrie wäre Stalin der Dalai Lama.

Wie absurd das alles ist, wird mir klar – und nun komme ich wirklich zu dem grundsätzlichen Widerspruch in unserem währungstechnisch ambitionierten Lebensstil –, wenn ich meinen Sohn morgens zur Kita bringe. Während nämlich in seinem Bäuchlein gerade ein sortenreines Müsli mit geschrotetem Vollkorn, dazu frische Naturland-Dunkelbrötchen mit Agavendicksaft gesüßter Marmelade und fettarmer Demetermilch auf die Verdauung warten, gehen wir bestimmt zweihundert Meter an einer der verkehrsreichsten und dreckigsten Straßen Hamburgs entlang. Ich weiß das deshalb so genau, weil dort eine der wenigen Messstationen der Stadt stehen, die mehrmals im Jahr Alarm schlagen. In einem Kubikzentimeter Luft flirrt hier bestimmt mehr Feinstaub umher als in einem durchschnittlich langen Fabrikschornstein. Wer an dieser Straße wohnt, kann schon deshalb auf Fensterputzen verzichten, weil es genauso sinnvoll ist wie in der Arktis Schnee zu schippen. Man muss sich fragen, ob es nicht gesünder wäre, nicht an dieser Straße zu leben und dafür seine Ernährung komplett auf Fastfood umzustellen. Und trotzdem habe ich vor einem Discounterbierschinken mehr Angst als vor dem schwefelhaltigen Geruch unten an der Ampel, wo man sein eigenes Wort nicht versteht. Über die Gründe dafür kann ich nur spekulieren – ich vermute, dass Ernährungsthemen in den Medien einfach immer noch präsenter sind, auch wenn die Feinstaubdebatte natürlich genauso ihre Kanäle hat. Vielleicht fällt es mir auch einfach leichter, auf unsere Ernährung zu achten, als raus aus der Stadt zu ziehen. Das brächte einige Nachteile mit sich, was die Mobilität anbelangt, und dann der ganze Aufwand ... Vernünftiges Verhalten bzw. das Unterlassen desselben hat immer auch etwas mit Bequemlichkeit zu tun.

Das zeigt: Wir haben heute einen riesigen Informationsschritt gemacht, fast ein Zeitalter der Ernährungs-Aufklärung, die eben auch ambivalent ist. Was in den Achtzigerjahren von den Rändern ausging, führt heute dazu, dass in der Breite ein Konsens darüber herrscht, was zu einer gesunden Ernährung gehört; Biolebensmittel boomen (auch beim Discounter) und der individuelle Ernährungsstil ist längst nicht mehr so stark ideologisch begründet wie früher – da sagte man noch »Öko« und »Müslifresser« zu Menschen, die auf Fleisch verzichten. Heute ernähren sich immer mehr Menschen bewusster; mehr Gemüse, weniger Fett, am besten gar kein Zucker. Und die Motivation ist ebenfalls klar: Den Menschen ist heute bewusst, dass es gesünder für sie ist, dass sie mehr und vor allem länger was vom eigenen Leben haben.

Eltern sind in dieser Frage oft besonders sensibilisiert, denn sie haben eine gesetzliche Fürsorgepflicht, und Mangelernährung kann den Straftatbestand der Körperverletzung erfüllen. Ganz abgesehen davon lieben sie ihre Kinder natürlich und möchten sie gesund durchs Leben bringen. Also machen sie sich Gedanken, was gut und was nicht gut ist.

Als ich noch kein Vater war, kursierte im Bekanntenkreis eine Kita-Anekdote, die mich sprachlos machte, weil sie mir so absurd vorkam. Eine Mutter hatte sich über andere Eltern beschwert, die bei Geburtstagen ihren Kindern Kuchen zum Verteilen mitgaben, in dem Industriezucker steckte. Das ist eine Geschichte, die wunderbar in ein Helikopter-Elternbuch passt: Eine übergriffige Ramboglucke, die aus übertriebener (!) Sorge um den eigenen Nachwuchs anderen die eigenen Regeln aufzwingt.

Damals schüttelte ich den Kopf, heute bewerte ich die Anekdote tatsächlich anders. Zum Beispiel gilt es mittlerweile als weitgehend gesichert, dass raffinierter Zucker ein hohes Suchtpotenzial hat und ähnlich wie Tabak und Alkohol in der Bevölkerung zu massiven Gesundheitsschäden führt. Im Oktober 2018 machte das Landwirtschaftsministerium einen ersten Vorstoß zu einer gesetzlichen Regulierung. Ziel ist es, die Verbraucher nach und nach vom Zucker zu entwöhnen – in allen Produkten soll der Zuckeranteil stufenweise reduziert werden.[37]

Das ist mal eine Ansage, die verdeutlicht, dass die nervige Mutter, die mit mindestens sechs Brotboxen auf dem Spielplatz hantiert, damit ihre Kinder zwischen ungesüßten Haferkeksen, Hirsekringeln und Apfelspalten wählen können, recht hat. Genau sie jedoch gilt als das Abziehbild der Helikopter-Mama oder des Helikopter-Papas, das man ja selbst auf keinen Fall sein möchte, um nicht geächtet zu werden.

Jedem, der einem besorgten Elternteil, das sich gruppen- oder klassenweit für eine gesunde Ernährung einsetzt, entrüstet den Vogel zeigt, sei gesagt: Es ist noch gar nicht so lange her, da durfte noch allerorts fröhlich gequalmt werden, und einer Mutter oder einem Vater, der in einem Restaurant die Gäste am Nebentisch gebeten hätte, die Zigarette zu löschen, wäre das pure Unverständnis entgegengeschlagen. Heute ist man schlauer: Gruselbilder zieren die Verpackungen tabakreicher Erzeugnisse und Rauchen ist an öffentlichen Orten nur noch in ausgewiesenen Zonen erlaubt. Was also, wenn die Mutter, die sich gegen den Industriezucker einsetzt, eine Vorreiterin ist, die dafür sorgt, dass die Welt in ein paar Jahren wesentlich gesünder ist? Seien wir ihr also dankbar dafür, dass sie sich Gedanken macht, anstatt sie zu verurteilen.

Der Schärfegrad der gesellschaftlichen Debatte darüber, wie sehr sich Eltern über die Ernährung ihrer Kinder überhaupt Sorgen machen dürfen, ist oft noch beachtlich und abhängig davon, aus welchem Milieu oder aus welcher Generation diejenigen stammen, die sie gegeneinander führen.

Klassische Konfliktfälle: Da ist die ältere Tante, die sich brüskiert fühlt, wenn man fragt, ob das Stück Fleisch auf dem Teller des Kindes »bio« sei. Da ist der Nachbar, der es als Angriff wertet, wenn man ihn bittet, auf die Zuckerlollis als Begrüßungsgeschenk zu verzichten. Natürlich wirkt man in diesen Situationen nicht gerade sympathisch (von wegen einem geschenkten Gaul und so). Aber man muss diese Frage auch einmal umgekehrt stellen dürfen: Wie sympathisch ist es denn, Kindern Dinge zu schenken, die den Vorstellungen der Erziehungsberechtigten zuwiderlaufen? Womit wir wieder bei dem Moment sind, den Eltern heute oft erleben: Es wird ihnen für ihre Haltung wenig Wertschätzung und noch weniger Verständnis entgegengebracht.

Essen ist ein hochemotionales Thema, weil es viel mit Identität zu tun hat: Ich esse etwas anderes als du, also lehnen wir uns gegenseitig ab. Dabei geht es gar nicht darum, andere für ihren Ernährungsstil zu verurteilen.

Meine Frau und ich folgen unseren Prinzipien und uns ist bewusst, dass wir trotzdem nicht frei von Widersprüchen sind. Wir wissen, dass Fleisch in Bioqualität wichtige Standards erfüllt, zum Beispiel, dass keine Antibiotika in der Aufzucht verwendet werden dürfen, ebenso wenig Hormone; dass sowieso alles verboten ist, was so gruselig klingt, dass man sich fragt, wie es überhaupt jemals erlaubt werden konnte. Dieses Wissen führt dazu, dass wir wie anfangs erwähnt fast ein bisschen Angst bekommen, wenn unser Sohn beispielsweise ein Würstchen isst, das eben nicht von einem Biohof stammt.

Mir kommen manchmal wirklich die Tränen, wenn ich drei Hähnchenkeulen in den Korb lege, die zusammen so viel kosten wie die komplette Schaufensterauslage bei Bulgari, aber mir kommen noch mehr die Tränen, wenn ich mir vorstelle, was ein Legebatteriehuhn bis zu seiner Schlachtung von seinem Leben hatte (und was sein Fleisch in der weiteren Nahrungskette anrichtet). Und es gibt diese Momente, die einen beunruhigen, wenn man sich bewusst macht, dass man sein Kind nicht hundertprozentig davor schützen kann, auch mal etwas Ungesundes zu essen. Zum Beispiel wenn an der Fleischtheke eine Verkäuferin unserem Sohn lächelnd ein biosiegelfreies Wienerwürstchen reicht, bevor sie vorher mit einer kurzen Geste (»Darf er?«) unser Einverständnis holt. Natürlich darf er, aber man tut das mit einem schlechten Gefühl im Bauch, weil man es heute eben einfach besser weiß als noch zu den unbekümmerten Zeiten, in denen ich an Mutters Küchentisch saß.

Unsere heutige Befürchtung, konventionell erzeugte Lebensmittel seien per se ungesund oder sogar richtiggehend giftig, entsteht ja überhaupt erst dadurch, dass es das Biosiegel gibt. Es verhält sich damit analog zum Gefahrenschild mit dem Totenkopf und den Knochen. Während alles, was dieses Zeichen nicht trägt, als potenziell nicht giftig gilt, gilt alles, was das Biosiegel nicht trägt, als potenziell ungesund. Auch das ist ein Irrsinn unserer Zeit.

In den Siebziger- und Achtzigerjahren lautete das vorrangige Ziel von Ernährung noch, satt zu werden. Die Erkenntnis, dass die Qualität des Essens in einem maßgeblichen Zusammenhang mit der individuellen Lebenserwartung steht, hatte sich noch nicht durchgesetzt. Ich erinnere mich überhaupt nur an ein Mädchen in der Klasse, das seltsame Sachen auf ihr Pausenbrot gelegt bekam. Wenn Sabina Blankenburg ihre braune Stullenkiste öffnete, verteilte sich im Klassenzimmer ein seltsamer Geruch. Sie packte Schälchen mit braunen und beigen Pasten aus, dazu schneeweißen Käse, der auf irritierende Weise nach Ziege stank, und manchmal schaute zur allgemeinen Verblüffung ein Salatblatt zwischen den dunklen Brotscheiben hindurch, die so groß und dick geschnitten waren, dass sie von Weitem aussahen wie Regalbretter. Salat gehörte für uns damals in eine Schüssel, es gab noch keinen Balsamico im Supermarkt, sondern Essig aus der Plastikflasche, ein Gurkensalat war nichts, was uns groß erklärt werden musste. Aber Salat auf Brot, das war dagegen total future.

Sabina war nicht besonders beliebt in der Klasse, das lag unter anderem daran, dass sie ständig pupste, was damals tatsächlich ein großes Thema war und zu dem unvermeidbaren Mobbing führte, das schon Grundschüler in Perfektion draufhaben. Es manifestierte sich in typischen Sabina-Porträts im Karo-Rechenheft: Strichfiguren mit Zopf, die immer von kleinen Wölkchen umspielt waren. Wir Kinder ahnten, dass das Pupsen irgendwie mit der Ernährung zusammenhängen musste. Jedenfalls taugte das Gesamtbild, das Sabina abgab, noch nicht wirklich als role model; selbst einige Lehrer machten sich Gedanken, ob Sabinas Ernährung nicht doch irgendwie gefährlich sei. Wer damals den langen Weg antreten musste, um eines der wenigen Reformhäuser in der Stadt zu erreichen, galt entweder als wunderlich oder schwer krank. Warum sonst sollte jemand Sachen essen, auf denen Körner klebten und die statt Zucker Honig enthielten? Dafür hatte Sabina Blankenburg, und darüber machte sich nun keiner lustig, mit Abstand die weißesten Zähne von uns allen. Es ging sogar das Gerücht um, sie habe noch nie zum Zahnarzt gemusst.

Ich selbst beobachte bei mir noch keine Langzeitfolgen der typischen zucker- und farbstoffintensiven Ernährung der Siebziger- und Achtzigerjahre, aber vielleicht kommt das noch. Wenn ich überlege, was mir Herr Paschke damals in die Bonbontüte gefüllt hat, müsste ich zumindest leicht radioaktiv strahlen.

Herr Paschke stand stets milde lächelnd hinter seinem Holzfurniertresen; er liebte uns Kinder; nicht, weil er kinderlieb war, sondern weil wir immer ein paar Groschen in der Tasche hatten, die wir willig in hochprozentige Zuckerware eintauschten. Und Herr Paschke schaute immer dann besonders liebevoll, wenn die Münzen silbern waren, die wir klimpernd auf den Teller mit dem Lord-Extra-Schriftzug fallen ließen. Dann drehte er uns für einen Moment den Rücken zu, und wir beobachteten ergriffen, wie seine Finger flink in die verschiedenen Bonbonnieren griffen, die bei ihm direkt unterhalb der gestapelten Zigarettenschachteln und der Mariacron-Flaschen standen. Herr Paschke war ein Mann, der den Pfennig noch ehrte. Auch wenn wir für fünf Groschen kleine Salinos oder Dauerlutscher bestellten, nahm er sich die Zeit, die er brauchte, und zählte exakt, dass auch bloß nicht zu viel in der Tüte landete.

Herr Paschke war ein Geschäftsmann alten Stils, er behandelte uns nicht wie Kinder, sondern genauso respektvoll wie seine erwachsenen Kunden. Deshalb verkaufte er auf Nachfrage selbstverständlich auch Obstler und Lotterielose, wenn wir das wünschten. Ersteres führte dazu, dass Mike Pietschmann einmal eine Nacht in einem nahen Gebüsch verbrachte, Letzteres, dass ich als Neunjähriger einmal zehn Mark gewann, die mir Herr Paschke, erst nachdem er sehr genau die Losnummer überprüft hatte, mit einem nachdenklichen Gesicht und ohne irgendwelche Anzeichen von beglückwünschender Freude auf den Lord-Extra-Teller klatschte. Noch einige Zeit danach verursachte der Gedanke an die Trommel mit den Losen ein noch wohligeres Gefühl als der Anblick von Herrn Paschkes Bonbonnieren-Sortiment, aber glücklicherweise siegte am Ende das stärkere Suchtmittel.

Ich erinnere mich, als sei es gestern gewesen, wie ich mit der zugewickelten Papiertüte aus dem Laden schritt. Daran roch; der Duft von süßen Erdbeeren, erdigem Zimt, reifen Bananen und grünen Äpfeln umspielte mich. Damals waren geschmacksverstärkende Zusätze und Farbstoffe erlaubt, die dem Süßkram eine aromatische Ursprünglichkeit gaben, wie sie heute kein Kind mehr kennt. Ich öffnete die Tüte, ganz oben auf lagen Schaumpilze, die oberhalb des Stängels noch einmal in rot glitzernden Zucker getaucht waren. Man durfte sie nicht zuerst essen, weil sie einen so intensiven Kirschgeschmack hatten, der jede folgende Süßerei noch Stunden später überlagerte. Deshalb begann der Kenner zunächst mit den Oblaten in Ufo-Form, die in der Mitte mit Brausepulver gefüllt waren. Niemals biss man schnöde hinein! Man legte sie auf die Zunge und drückte sie dann ganz behutsam gegen den Gaumen. Das war ein kritischer Moment. Würde man sich jetzt verschlucken, war es ausgeschlossen, tief durchzuatmen, da die Zunge durch das nasse Papier eine feste Einheit mit dem Gaumen eingegangen war. Die löste sich erst langsam wieder, wenn das Papier sich mehr und mehr durch die Feuchtigkeit aufzulösen begann. Wer zu viele der Oblaten auf einmal in den Mund schob, bekam Erstickungssymptome, da sich die Masse explosionsartig ausbreitete und den Rachen verkleisterte, als habe man sich eine Pistole mit Bauschaum an den Mund gehalten und abgedrückt. Nach und nach wurde schließlich das Brausepulver freigesetzt, das sich prickelnd im ganzen Mund ausbreitete. Durch die Säure waren die Geschmacksnerven für einen Moment ausgeschaltet. Deshalb musste zur Neutralisierung etwas Lakritz her, am besten die silbernen kleinen Salinos, die den Mund in eine tiefschwarze Höhle verwandelten, was immer etwas enttäuschend war, da man so sehr auf eine silberne Zunge gehofft hatte. Silberne Lebensmittelfarbe ist ein Widerspruch in sich, und so verwundert es auch nicht, dass es heute auch die großen silbernen Kaugummis in Patronenform nicht mehr gibt, die einem graue Fingerkuppen und stumpfe Zähne machten. Wahrscheinlich fand jemand heraus, dass sie toxischer waren als Blei.

An dieser Stelle sei angemerkt, dass viele dieser Zuckerexponate aus dem Horrorkabinett von Doktor Karies tatsächlich bis heute überlebt haben, zumeist auf den Grabbeltischen von Ein-Euro-Shops und dem Fachhandel für Warenbestand aus Versicherungsschäden. Allerdings mit einem entscheidenden Unterschied: Es gab früher eine mannigfache Auswahl an künstlichen Farbstoffen, die heute aus gesundheitlichen Gründen verboten sind, weil ihr Vertrieb im Prinzip vorsätzlicher Körperverletzung gleichkommt. Man erinnert sich noch an die dreistelligen Zahlen, denen ein E vorangestellt war (höchstwahrscheinlich die Abkürzung für »extrem giftig«). Heute sorgen wesentlich strengere Richtlinien dafür, dass Gummibärchen, Brausepulver und Kaugummilollis selbst in den billigen Varianten durch Spinat und Rote-Bete-Saft ihre Farbe bekommen statt durch die typische fluoreszierende Chemiebrühe. Die schien sich übrigens auch geschmacklich ausgewirkt zu haben, was jeder sofort erkennt, der heute Retroprodukte wie Brauner Bär, Dolomiti oder das Waldmeisterpulver aus den Tütchen mit diesem irre wirkenden Matrosen vorne drauf probiert. Alles schmeckt irgendwie blasser als früher, was höchstwahrscheinlich damit zusammenhängt, dass es nicht mehr so gefährlich für die Gesundheit ist. Ich beobachte übrigens nicht nur bei meinem Sohn, sondern auch bei dessen Freunden, dass sie nach einer Portion Brausepulver oder Wassereis nicht das Bedürfnis äußern, nachlegen zu wollen. Das muss doch auch irgendeinen Grund haben; und es würde mich nicht wundern – und das ist nur eine These eines minderbegabten Verschwörungstheoretikers –, wenn die Ursache ebenfalls in diesen E-Farbstoffen begründet läge.

Doch zurück in die Bunte-Tüten-Euphorie der Achtziger: Der Abschluss eines traditionellen Dinners bildete die weiße schwere Kugel, die meistens das spitz zulaufende Ende der Tüte blockierte. Wenn man Glück hatte, fand man dahinter noch etwas kleines, eines von den bunten, pastellfarbenen Zylindern, die perfekt in den Zipfel der Tüte passten, oder ein paar Liebesperlen, aber das war eher selten. Die weiße Kugel jedenfalls hieß bei uns Wunderball, weil sie, jetzt bitte festhalten, mehrmals die Farbe wechselte, sobald sie im Mund verschwand. Es war immer mit einem großen Hallo verbunden, die Kugel aus dem Mund zu nehmen und den aktuellen Farbstatus abzugleichen. Das ging dann immer so: »Boa, Claudia hat lila! Ey, Sabines ist grün!« Manchmal fiel einem die Kugel dann vor Aufregung runter, und weil sie ja den Abschluss der Tüte bildete, sie also alternativlos war, gab es auch keine Hemmschwelle, sie wieder in den Mund zu stecken, ungeachtet dessen, was nach dem ausgiebigem Sandkastenbodenkontakt an ihr klebte.

Heute beobachte ich Eltern, die ganze Laugenbrötchen in den Mülleimer werfen, nachdem sie ihrem Kind aus der Hand auf den Boden gefallen sind. Das ist die Kehrseite unseres Gesundheitsbewusstseins: Aus Angst, etwas Schädliches zu essen, entsorgen wir, was noch unbedenklich genießbar wäre. Sei es das besagte Laugenbrötchen, das nach drei Sekunden Asphaltkontakt im kindlichen Organismus sicherlich keine Katastrophen anrichtet, oder der Joghurt, dessen Mindesthaltbarkeitsdatum überschritten ist und deshalb unbesehen in der Restmülltonne landet. In diesem wie in jenem Fall darf ruhig besonnen geprüft werden: Ist es wirklich ungenießbar oder plagt uns nur ein haltloses Ekelempfinden? Denn auch der bewusste Umgang mit Lebensmitteln ist etwas, das sich Kinder bei uns abschauen. Tatsächlich ist es meiner Frau und mir wichtig, dass unser Sohn den Wert von Nahrung versteht, ohne den schlimmen Spruch »In Afrika verhungern die Kinder ...« hören zu müssen. Stattdessen unterhalten wir uns darüber, warum es wichtig ist, mit Lebensmitteln gut umzugehen.

Immerhin – das hatten wir drauf, an Ehrfurcht vor dem Inhalt von Paschkes bunten Süßigkeitentüten mangelte es uns nie! Neben dem Verlangen nach Zucker mag unsere ständige Sucht danach noch einen banaleren Grund gehabt haben. Sie bot uns schlichtweg eine Vielfalt und Auswahl, die damals für das nachmittägliche Ernährungsangebot nicht selbstverständlich war. Wer Schokolade wollte, der konnte sich entscheiden zwischen Vollmilch, Vollmilch mit Nüssen, Vollmilch mit Trauben und Nüssen und Edelherb, eine Sorte, die sich ausschließlich an Omas richtete. Mehr hatten wir nicht. Nur so kann man verstehen, was passierte, als plötzlich weiße Schokolade auf den Markt kam. Das war für uns eine persönliche Mondlandung. Eine Nachricht von nie gekannter Tragweite, vergleichbar nur mit der Bestätigung außerirdischen Lebens durch die NASA. Weiße! Schokolade! Die Reklame zeigte damals einen jungen Typen, der in einer Bar die Weltsensation bestellte, woraufhin der Barkeeper die Schokolade wie Milch aus der Packung in ein Glas füllte. Der Spot wäre heute wegen Verbraucherirreführung verboten worden, denn damals dachte ich wirklich, ich könnte abends auf den obligatorischen Becher Milch verzichten und von nun an in die Weiße von Nestlé beißen.

Und es gab noch eine weitere Markeneinführung, die unser Leben nachhaltig veränderte: Fanta Mango. Das lag zum einen daran, dass Mango für uns eine Frucht war wie die Banane für DDR-Bürger: Man hatte davon gehört, konnte sie aber nirgends kaufen. Mango war Exotik, so musste Amerika schmecken, unser Traumland der unerreichbaren Coolness. Die Fanta-Dose war nicht orange, sondern gelb, was vieles infrage stellte, was wir für gegeben hielten, und mit funky grünen Dschungelpflanzen verziert.

Die Uhren tickten früher bedeutend langsamer; das wird einem gewahr, wenn man überlegt, dass durch eine banale Produktneueinführung ein Zehnjähriger um den Schlaf gebracht werden konnte. Oder er fiel gleich ins Delirium wie Marcus Zottenhamel von gegenüber. Das kam so: Dierk Knüllenstedt lief eines Morgens wie von einer Tarantel gestochen auf uns zu, als wir gerade dabei waren, mit einer Brechstange aus dem Werkzeugkasten von Uwe Stengelmaiers Vater einen der dicken Gullydeckel am Straßenrand aufzuhebeln. Dierks Stimme überschlug sich, er konnte kaum atmen und hatte keinen Blick für den Deckel, der laut krachend auf den Asphalt schlug und um ein Haar Uwes linke

Hand zerquetscht hätte. Dierk brüllte, dass bei der Pro ein Stand aufgebaut worden sei, wo Fanta Mango »für umme« ausgeschenkt werde.

Klar, dachten wir, Dierk Knüllenstedt wieder mit seinen Märchen, am Ende laufen wir irgendwohin und er sitzt im Gebüsch und macht sich in die Hose vor Freude.

Und dann hatte er doch die Wahrheit gesagt. Wir standen in der Pro, Uwe, Marcus und ich. Und es wurde Licht. Ein gelber Rollwagen stand vor uns, dahinter mehrere Kästen Fanta Mango, darauf Türme von Plastikbechern, bunte Fähnchen mit Fanta-Schriftzug, davor eine Frau, die einen nach dem anderen mit Limo füllte und auf ein Tablett stellte. Und wir? Wir durften zugreifen. Und kippen. Ohne zu bezahlen. Und wir tranken. Und wir ließen uns noch mehr einschenken. Und wir tranken noch mal. Der Frau war das recht, sie schien ihr Soll noch nicht erfüllt zu haben an diesem Tag. Also weiter.

Uwe und ich tranken insgesamt so 14, vielleicht 15 Becher, dann war gut. Nur Marcus hatte noch nicht genug, er rülpste schon mehr, als dass er sprach, und signalisierte, dass er noch mal zum Stand gehen würde, als wir aufbrechen wollten. Wir hauten schließlich ab, weil er trotz mehrmaliger Aufforderung (»Maaaaaaatschiiiii!«) nicht zurückkam aus der Pro.

Ich hatte eine längere Zeit keine besondere Freude mehr beim Gedanken an ein Glas Fanta. Am selben Tag bin ich mit meiner Mutter noch mal zur Pro, weil sie Filtertüten vergessen hatte. Da stand Marcus Zottenhamel noch immer am Fanta-Mango-Stand, vertieft in eine rege Diskussion mit der Frau und den Plastikbechern.

»Jetzt ist aber mal Schluss«, hörten wir die Frau reden, während Marcus, schwitzend, mit stark leiernder Stimme um fünf weitere Becher flehte. Er soll kurze Zeit später tatsächlich umgekippt sein, und Uwe erzählte am nächsten Tag, er habe gehört, dass Marcus ins Krankenhaus gekommen sei, inzwischen jedoch wohl wieder zu Hause war, aber erst mal nicht in die Schule kommen werde.

In Deutschland wurde nie so viel Zucker konsumiert wie in den Achtzigerjahren. Sie waren ein goldenes Zeitalter für die weltweite Zuckerlobby, die es geschafft hatte, dass die internationalen Ernährungsrichtlinien nicht Zucker als gesundheitsschädlich für Herz- und Kreislauforgane auswiesen, sondern Fett. Heute liegen die Zahlen zwar auf vergleichbar hohem Niveau, sind jedoch rückläufig (wenn auch nur sehr langsam). Und während Zucker früher keine Frage von Bildung und Einkommen war, ist es heute ein Zeichen des sozialen Standes. In den höheren Bildungsschichten nimmt der Konsum teils signifikant ab, in Milieus mit geringen Einkommen steigt er hingegen zu einem großen Teil an.[38]

Wie geht man nun aber um mit dem Angebot an Süßigkeiten einerseits und dem Wunsch nach gesunder Ernährung andererseits? Darf man sein Kind auf den Geburtstag eines Klassenkameraden schicken, wenn man weiß, dass dort mit der Mitgebseltüte Kaugummis und Traubenzucker verteilt werden? Dass es Fanta zu trinken gibt statt Bionade? Chicken-Nuggets aus der Tiefkühltruhe zum Abendessen, dazu Pommes aus der Fritteuse?

Letztlich muss das jeder selbst entscheiden, meine Frau und ich halten es damit jedoch so wie mit der Wurstscheibe an der Fleischtheke: zu Hause so gesund und nachhaltig wie möglich, anderswo (schweren Herzens) eben anders, denn ja, auch wenn man Vorreiter sein könnte in seinem Bestreben, alles Ungesunde komplett aus dem eigenen Leben zu streichen, so will man doch die anderen Eltern weder nerven, noch das eigene Kind durch gut gemeinte Verbote ausgrenzen.

Wir haben das Glück, dass unser Sohn sowieso nicht so sehr auf Süßigkeiten steht. Ob das an seinem individuellen Geschmack liegt oder daran, dass wir eben sehr auf seinen Zuckerkonsum achten, sodass er vielleicht noch nicht der allgemeinen Sucht verfallen ist, kann ich nicht sagen. Fakt ist, dass er sich klaglos an unsere Regel hält, nach 18 Uhr nichts Süßes mehr zu essen, weil er durch den Zucker komplett durchdreht. Ansonsten gilt: Maoam oder Capri-Sonne kaufen wir prinzipiell nicht – Süßes gibt es nur in der Biovariante oder eben Obst. Das gute Gewissen, das wir dadurch haben, erleichtert es uns, unserem Sohn die konventionellen Süßigkeiten zu erlauben, die er auf Geburtstagen von Freunden bekommt – und sei es eben ein Maoam. So was verwahrt er wie einen Schatz in seinem Zimmer und es hält ewig (bei mir und meinem Bruder früher komplett undenkbar). Auch eine Form von Wertschätzung.

Und noch etwas hat sich verändert im Laufe der Zeit. Wenn man nämlich auf die Ernährungsgewohnheiten der Siebziger und Achtziger zurückblickt, dann lässt sich aus wissenschaftlicher Sicht feststellen, dass die Qualität der Lebensmittel nicht so ausdifferenziert war wie heute. Im 21. Jahrhundert kann man sich für wenig Geld genauso ungesund ernähren, wie das früher möglich war. Früher aber war die Auswahl für solche Unterschiede gar nicht so groß, und die Lebensmittel waren gemessen an den gesamten

Lebenshaltungskosten höher als heute. Da wurde gegessen, was auf den Tisch kam, und viel verwertet, was heute, nun ja, gleich in die Tonne kommt – Stichwort Mindesthaltbarkeitsdatum, ich sprach davon. Und auch das muss man den Achtzigern lassen: Fertiggerichte waren noch etwas ganz Seltsames, es wurde überwiegend frisch gekocht. Heute gibt es ja selbst in Bioläden Pizzen aus der Tiefkühltruhe.

Auch bei uns zu Hause roch es statt nach Fertiglasagne regelmäßig nach Hausgemachtem. Wenn bei uns die Zauberglocke auf dem Herd stand, wussten mein Bruder und ich, was die Stunde geschlagen hatte. Mutter hatte wieder einen Kübel saurer Äpfel aus Omas Garten bekommen, alles Fallobst, und das wurde nun zu Apfelsaft verkocht. Noch immer habe ich den faulig sauren Geruch in der Nase, der damals schwer in der Küche hing; der rote lange Gummischlauch, klebrig und braunfleckig, der von der Zauberglocke in die Glasflaschen führte. Goss man sich einen Schluck in ein Trinkglas, sah man durch eine trübe Brühe, in der schleimigbraune Flocken in verschiedenen Größen vor sich hin schwammen. Trank man davon, ging es einem den ganzen Nachmittag eher so mittelgut. Literweise standen die Apfelsaftflaschen in unserer Kammer, wo sie keiner anrührte. Mein Bruder und ich stiegen in dieser Zeit protestlos auf Wasser um, bis endlich wieder ein Tetrapak mit industriellem Apfelsaftkonzentrat aus dem Supermarkt in unserem Kühlschrank stand. Davon bekam man zwar Karies, aber keine Bauchschmerzen.

Heute hat niemand mehr die Zeit, Apfelsaft herzustellen, muss man allerdings auch nicht, denn das Sortiment an ökologisch einwandfreien Säften hat sich explosionsartig vervielfältigt. Und Todesfälle durch verunreinigte Lebensmittel sind Ausnahmen. Ich erinnere mich noch daran, dass es in meiner Kindheit Produkte auf dem Markt gab, die wir mieden, weil dadurch Menschen tatsächlich zu Tode gekommen waren. Das betraf eine bekannte Softdrinkmarke (Uwe Stengelmaier erzählte aufgeregt, dass eine ganze Bauernfamilie tödlich vergiftet worden sei, und ich stellte mir vor, wie der Bauer mit Strohhut und Heugabel tot im Schweinestall lag). Wir aßen auch nie die Nudeln einer Marke, die mit Eiern wirbt, weil angeblich ein ganzer Landstrich durch verfaulte Eier entvölkert wurde, und der Verzehr von Sahnetorten aus der Tiefkühltruhe war so unbedenklich wie eine Partie Russisches Roulette. In der Schule war es kein Aufreger, wenn ein Schüler von seinen Eltern krankgemeldet wurde, weil er »etwas Unrechtes gegessen hatte«.

Ob es früher mehr Lebensmittelvergiftungen gab als heute, lässt sich statistisch schlecht belegen. Die Diagnosen sind nicht immer eindeutig; außerdem besteht heute eine viel niedrigere Hemmschwelle, bei Bauchweh die Notaufnahme aufzusuchen. Sicher ist, dass der Weg von der Lebensmittelproduktion bis zum Verbraucher heute wesentlich besser überwacht wird, als das noch in den Achtzigerjahren der Fall war. Darüber hinaus sind heute deutlich weniger Pestizide im Einsatz, die immer effizienteren Kühlketten von produzierten und importierten Lebensmitteln verringern Risiken durch Pilze oder Mikroben auf ein Minimum, die Kennzeichnungspflicht von Zusatzstoffen ist heute transparenter denn je. Seit 2002 gibt es ein Bundesamt für Verbraucherschutz und Lebensmittelsicherheit, das als direkte Antwort auf den weltweiten BSE-Skandal gegründet wurde und seitdem systematisch Lebensmittelproduktion und -vertrieb überwacht sowie die Hygiene in Gaststätten. Wir kennen heute *foodwatch* und *ÖKO-TEST*, Hersteller sind gesetzlich verpflichtet, die Öffentlichkeit sofort zu informieren, wenn von ihren Waren eine Gefährdung ausgeht. Dass man manchmal das Gefühl hat, jedes Jahr gäbe es dennoch immer mehr Lebensmittelskandale, liegt wohl eher daran, dass Hersteller heute wesentlich besser kontrolliert und Verstöße viel transparenter gemacht werden.[39]

Wahrscheinlich war es in Deutschland nie einfacher, sich gesünder und schadstofffreier zu ernähren als heute, und trotzdem gibt es seit Jahren einen Trend, der das Gegenteil zu dokumentieren scheint. Nie zuvor litten Menschen so sehr unter Lebensmittelunverträglichkeiten. Bis heute ist nicht klar, womit die Beschwerden genau zusammenhängen. Einige Mediziner haben die moderne Lebensführung im Verdacht mit ihrem Stress und ihrer Hektik.[40]

Unabhängig davon hat die Lebensmittelindustrie reagiert und bietet inzwischen ein großes (und oftmals teures) Sortiment an Produkten an, die je nach Unverträglichkeit kein Gluten, keine Laktose, keine Fruktose, keine Nüsse etc. pp. enthalten. Wir haben heute ganz andere Möglichkeiten, uns darüber zu informieren, welche Ernährung für uns die Richtige ist und welche die Falsche, wie bei keiner Generation zuvor ist in unserem Bewusstsein verankert, dass Ernährung und Gesundheit zusammengehören, und aus dieser Verantwortung kann uns niemand entlassen. Vielleicht ist es manchmal eine Bürde, zu viel zu wissen. Aber nie zuvor hatten wir bessere Voraussetzungen, das umzusetzen, was wir wollen: Das Beste für unser Kind.

Gesunde und nachhaltige Ernährung ist Teil der Fürsorgepflicht von Eltern gegenüber ihren Kindern. Sich keine Gedanken zu machen, ist fahrlässig, die Einstellung anderer Eltern zu akzeptieren eine Frage des Respekts.

7. »Sollst mal sehen, morgen ist das weg«

Oder: Warum es gut ist, dass wir heute lieber einmal zu viel als einmal zu wenig zum Kinderarzt gehen

Als ich noch klein war, galt bei uns zu Hause stets die einvernehmliche Mutter-befiehlt-Kind-Regel: »Zieh dich an, mir ist kalt.« Das persönliche Befinden lag nicht im eigenen Ermessensspielraum, sondern unterlag dem Urteil meiner Mutter. Das war oft lustig, wenn sie selbst erkannte, dass sie einmal mehr versucht hatte, die Realität von ihrer Meinung zu überzeugen, etwa wenn wir stundenlang an einer stillgelegten Bushaltestelle standen und vergeblich warteten.

Manchmal war es auch weniger lustig, wenn ich zum Beispiel fühlte, dass ich krank war, meine Mutter jedoch von anderem überzeugt war. Ich erinnere mich an eine sich über Wochen hinziehende seltsame Erkrankung mit abendlich einsetzendem Kribbeln an einer Körperstelle, die auch einem kleinen Jungen schon irgendwie peinlich ist und hier nicht weiter erläutert werden muss. Die überzeugende, weil logisch klingende Diagnose meiner Mutter lautete damals, dass ich beim Abendessen wohl zu viel Schafskäse auf den

Salat schaufelte, und sie riet mir, zukünftig weniger säurehaltige Milchprodukte zu mir zu nehmen.

Abend für Abend wimmerte ich mich in den Schlaf, weil das Kribbeln, wenn es dunkel wurde, nicht nur irgendwie gruselig war, sondern mich auch vom Einschlafen abhielt. Es dauerte einige Zeit, ehe meine Mutter begann, ihre Schafskäsetheorie zu hinterfragen, weil trotz konsequenter Abstinenz das abendliche Kribbeln zunahm. Also gingen wir dann irgendwann doch zum Arzt.

Bis heute steht mir das ungläubige Gesicht von Doktor Pfannemann vor Augen. »Sensationell!«, staunte er, als er meine Darmpopulation an Spulwürmern durch eine Mikroskopkamera begutachtete. »So eine riesige Kolonie habe ich noch nie gesehen. Das ist was fürs Lehrbuch. Bleib mal hier, ich muss das einem Kollegen zeigen.«

Sehr witzig, ich konnte gar nicht weg, weil ich halbnackt auf einem eigenartigen Stuhl saß und mich unendlich schämte (erst als Teenager ging mir auf, dass es sich um einen gynäkologischen Sitz gehandelt hatte, der wahrscheinlich nur ein einziges Mal in seiner Laufbahn der Diagnose eines Wurmbefalls biblischen Ausmaßes beiwohnen durfte). Das abendliche Kribbeln, falls das jetzt noch interessiert, hatte übrigens damit zu tun, dass die Spulwürmer tagsüber schlafen und abends beginnen, ihr Frühstück aus den Darmwänden zu knabbern.

Ich weiß jetzt natürlich, wie wir reagieren werden, wenn unser Sohn über abendliches Kribbeln im Popo klagen sollte. Mit meinem persönlichen Vorwissen wird uns eine Diagnose leichter fallen als meiner Mutter damals. Aber diese Geschichte illustriert ganz gut, wie schwer sich bei manchen

Krankheitssymptomen abschätzen lässt, ob und wann der richtige Zeitpunkt für einen Besuch beim Kinderarzt erreicht ist.

Früher war die Entscheidung einfach: Die meisten Eltern gingen mit ihren Kindern zum Arzt, wenn jedes Hausmittel erfolglos ausprobiert worden war oder die Symptome so eindeutig waren, dass auch Laien sie interpretieren konnten – wenn das Kind Blut spuckte oder bei offenen Brüchen zum Beispiel. Ansonsten war gelassenes Abwarten das gängige Mittel der Wahl oder es wurde im Zweifelsfall Oma zurate gezogen, was wiederum auf Wadenwickel und Zwiebelsaft mit Honig hinauslief.

Ich erinnere mich noch gut, wie ich als Neunjähriger nach einer Operation erwachte und meine am Bett weinende Mutter erblickte, die sich Vorwürfe machte, meine starken Bauchschmerzen so lange mit Wärmflasche und Bauchstreicheln behandelt zu haben, bis sie sich schließlich doch entschied, mit mir zum Kinderarzt zu fahren. Dieses Mal diagnostizierte Doktor Pfannemann eine akute Blinddarmentzündung und schickte mich direkt ins Krankenhaus, wo ich noch am selben Vormittag operiert wurde. Eine Begebenheit übrigens, die meine Frau als Kind ganz ähnlich erlebte, deren Blinddarm noch gerade auf den letzten Drücker entfernt worden war. Erst war gestreichelt worden, dann noch mehr, bis bei der Einlieferung ins Krankenhaus der Darm kurz vor dem Platzen gewesen war und eine Notoperation folgte.

Waren unsere Eltern deshalb Rabeneltern? Natürlich nicht. Sie hatten nur eine andere Einstellung. Das mag daran liegen, dass ihre Generation selbst eine harte Schule durchgemacht hatte, was die Bewältigung von Kinderkrankheiten betrifft. Denn zum Arzt zu gehen, galt lange Zeit als ungefähr so sinnvoll wie das nächtliche Auftragen von Sonnencreme. Bis in die Siebzigerjahre dachten viele Ärzte, dass Babys und Kleinkinder noch gar kein Schmerzempfinden entwickelt haben, weshalb Betäubungen bei Operationen und die Verabreichung von Schmerzmitteln oft nicht vorgesehen waren.[41]

Meine Mutter erzählte mir, dass sie als Kind selbst mit hohem Fieber ganz selbstverständlich in die Schule geschickt wurde, da Fiebersymptome gemeinhin nicht als Erkrankung, sondern eher als Laune verstanden wurden. Mal hatte man eben gute, mal nicht so gute. Mein Vater hat durch diesen robusten Umgang letztlich sein rechtes Hörorgan verloren, weil eine erlittene eitrige Trommelfellentzündung so weit fortgeschritten war, dass der erst nach einigen Wochen eingeschaltete Doktor nur noch zur radikalsten Therapie greifen konnte und alles entfernte, was im Kopf zwischen rechtem Ohr und Auge steckte.

Noch in den Achtzigerjahren war die gesellschaftliche Hemmschwelle, einen Arzt aufzusuchen, viel höher, als das heute der Fall ist, und es gab nicht im Ansatz so viele niedergelassene Ärzte wie im Jahr 2019. 1980 kamen in Westdeutschland rund fünfhundert Einwohner auf einen Arzt. Heute müssen sich noch gerade etwas über zweihundert Einwohner einen Onkel Doktor teilen.[42] Dadurch hat sich das Arzt-Patienten-Verhältnis stark gewandelt. Während unsere Großeltern Hemmungen hatten, die wertvolle Zeit des ehrenwerten Herrn Doktor mit ihren vermeintlich banalen Zipperlein zu verschwenden, gelten Ärzte heute als ganz normale Dienstleister, die man wie einen Steuerberater konsultiert; schließlich zahlt man ja für den Service.

Wer im Jahr 2019 durch eine durchschnittlich große Fußgängerzone im Zentrum einer durchschnittlich großen deutschen Stadt läuft, der hat nicht nur eine sagenhafte Auswahl an Apotheken, Optikern und Orthopädiefachgeschäften, er kann sich im Vorbeigehen auch mehrere Diagnosen verschiedener Ärzte der gleichen Fachrichtung holen. Der Arztbesuch ist heute fester Bestandteil des Lebensstils, und dieser Lebensstil, das ist ebenfalls wissenschaftlich belegt, führt dazu, dass wir länger und gesünder leben. Im Umkehrschluss heißt das, dass wir ziemlich beknackt wären, würden wir dieses Angebot nicht nutzen.

Wenn man also feststellt, dass die Menschen in Deutschland heute im Schnitt gesünder sind und länger leben, dann muss es eine positive Entwicklung sein, dass die Hemmschwelle, einen Arzt aufzusuchen, heute so niedrig ist. Während im Jahr 1990 der Durchschnittsdeutsche fünf Mal im Jahr zum Arzt ging, steht er heute doppelt so oft am Rezeptionstresen.

Diese Tatsache führt dazu, dass für heutige Eltern der Stress umso größer ist, wenn das Kind an nicht klar zu bestimmenden Symptomen leidet. Sofort schwirrt die Angst im Kopf herum, einen nicht wiedergutzumachenden Fehler zu begehen, wenn man nicht handelt und zum Arzt fährt. Die Möglichkeit, den Doktor zu sehen, besteht ja rund um die Uhr, was bedeutet, dass es fahrlässig ist, sie nicht zu nutzen.

Durch die ganze Googelei und Krankheitsratgeber-Literatur steht uns im Gegensatz zu unseren Eltern zudem ein breiteres Wissen zur Verfügung, das uns die

Risikoeinschätzung schwer macht. Denn wer will, nachdem er sich informiert hat, schon selbst entscheiden, ob es sich bei einem Husten wirklich nur um Husten handelt und nicht etwa um eine sich ankündigende Lungenentzündung oder um eine Vergiftung? Und ist da nicht auch so ein verdächtiges Rasseln zu hören, das auf eine Embolie hindeuten könnte? Die Wahrscheinlichkeit für manche dieser Möglichkeiten mag gering sein, doch was heißt schon gering im Zusammenhang mit der Gesundheit des eigenen Kindes? Als Nichtmediziner können wir einfach nicht entscheiden, was die Symptome hervorruft (oft genug irrt sich ja selbst der Fachmann). Und so kommt zwangsläufig der Moment, wo man abwägt, welches Risiko man lieber eingeht: eine ernste Erkrankung des eigenen Kindes falsch einzuschätzen oder einmal umsonst zum Kinderarzt zu gehen. Ich muss zugeben, dass ich mich trotz langer Wartezeiten und der Ansteckungsgefahr im Wartezimmer für Letzteres entscheide. Denn im Falle des Falles nützt meinem Sohn ein zerknirschtes »Wäre ich doch mal, warum habe ich nicht?« rein gar nichts.

In praktisch allen großen Leitmedien wurde in der vergangenen Zeit von überlasteten Kinderärzten und Krankenhäusern berichtet, die vor allem einen Verursacher ausmachen: überängstliche Eltern, die um Mitternacht in die Notaufnahme kommen oder die Wartezimmer von Kinderärzten dauerhaft in Beschlag nehmen, weil die Erkältung ihres Kindes einfach nicht weichen will. Ob *Stern*, *Welt*, *Spiegel* oder *Süddeutsche Zeitung* – alle ließen Mediziner zu Wort kommen, die erzählten, dass das System der Notfallversorgung nicht mehr aufrechterhalten werden kann, wenn es zweckentfremdet wird. Der *Spiegel* forderte gar, dass junge Eltern einen verpflichtenden Kurs machen müssten, um zu lernen, welche Krankheitssymptome tatsächlich auf einen Notfall hinweisen und welche bis morgen Früh warten können.

Meine Frau und ich haben kurz vor der Geburt unseres Sohnes einen solchen Notfallkurs im Krankenhaus absolviert und lernten, welche Möglichkeiten es gibt, einem erstickenden Säugling einen Fremdkörper aus der Luftröhre zu ziehen und was bei schweren Verbrühungen zu tun ist. Wir erfuhren viel über Verbrennungen, Vergiftungen, plötzlichen Kindstod, Strangulationsgefahren durch Gitterstäbe, Windeln und Manducas und dass Kinder, die auf den Hinterkopf gefallen sind, noch Tage später ein gefährliches Hirnödem entwickeln können, das man ihnen dummerweise nicht ansieht. Nach diesem Nachmittag waren wir mit so vielen Informationen ausgestattet, dass wir das Gefühl hatten, an jeder Ecke, auch im hellblauen Kinderzimmerchen, lauerten tödliche Gefahren. So kam es, dass wir, als uns die Hebamme nach der Entbindung empfahl, noch ein, zwei Tage ein Zimmer auf der Geburtsstation zu mieten, gleich zusagten, weil es sehr beruhigend war, eine Fachbetreuung in der Nähe zu haben. Wir fühlten uns so wohl, dass wir noch länger blieben. Und noch länger. Bis uns eine Säuglingsschwester irgendwann irritiert fragte, ob wir vielleicht planten, noch bis zur Einschulung zu bleiben. Ich hätte gern ja gesagt.

Wenn Eltern in Sorge um ihre Kinder einen Arzt aufsuchen, dann ist das erst mal ein Ausdruck von großer Fürsorge. Denn bei der Diskussion wird gern vergessen, dass Eltern es nicht als Hobby betrachten, ihr Kind um ein Uhr nachts dick einzupacken, sich in das kalte Neonröhrenlicht in der Notaufnahme zu setzen und drei Stunden auf die Behandlung zu warten. Es ist auch nicht so einfach, werktags »mal eben« ein paar Stunden freizuräumen und in einem vollbesetzten Wartezimmer Platz zu nehmen, um sein Kind als dazwischengeschobener Notfallpatient einem der – zumindest in Hamburg – notorisch überlasteten Kinderärzte zu präsentieren. Darüber hinaus hat man es als Eltern übrigens keineswegs allein zu verantworten, dass man mit einem eigentlich harmlos erkältungsfiebernden Kind beim Kinderarzt sitzt – man muss nämlich dorthin, weil der Arbeitgeber eine Krankschreibung braucht, damit die berufstätige Mutter oder der berufstätige Vater daheim beim kranken Kind bleiben darf, ohne Urlaubstage verschwenden zu müssen.

Als wir nach ein paar Jahren in Berlin nach Hamburg zurückzogen, wurden wir bei sämtlichen Kinderärzten in der Umgebung abgelehnt und mussten schließlich zu einer sehr weit entfernten Praxis, wo wir schnell feststellten, warum sie als einziges noch Platz für uns hatte. Der Arzt war fix mit seinen Diagnosen und empfand unsere Nachfragen grundsätzlich als unangenehm. Als er einmal einen Magen-Darm-Infekt attestierte und süffisant signalisierte, dass man damit ja nun nicht hätte kommen müssen, erfüllten wir seinen Wunsch dauerhaft – zumal sich der harmlose Magen-Darm-Infekt als eine Streptokokken-Infektion mit sehr hohem Fieber entpuppte, wie ein Kollege abends in der Kindernotaufnahme feststellte.

Aus datenschutzrechtlichen Gründen gibt es leider keine verlässlichen Zahlen, die belegen, ob sich die Frequenz der Kinderarztbesuche in den vergangen Jahren tatsächlich drastisch erhöht hat, aber egal mit wem man spricht, ob mit der Kassenärztlichen Vereinigung, dem Berufsverband der Kinder und Jugendärzte e.V. oder auch Kinderärzten selbst, alle bestätigen das Gefühl, dass heutige Eltern mit ihren Kindern wesentlich häufiger zum Arzt gehen als noch vor dreißig Jahren. Das jedoch allein als Ursache für die knallvollen Praxen zu sehen, scheint mir zu einfach. Kann es stattdessen nicht vielleicht sein, dass nicht überängstliche Eltern das Problem sind, sondern der überall beklagte Fachkräftemangel? Eventuell gibt es einfach zu wenig (gute!) Kinderärzte – gerade in großstädtischen Ballungszentren, in denen viele Familien leben.

Das zumindest behauptet der Berufsverband der Kinder- und Jugendärzte (BVKJ) in Deutschland. In fast allen großen Städten seien die Kinderärzte überlastet und dafür sei zu einem großen Teil die Politik mitverantwortlich, zitierte die *Neue Osnabrücker Zeitung* den Bundespressesprecher Dr. Hermann Josef Kahl. Die Bedarfsplanung der Kommunen orientiere sich an veralteten Statistiken aus den Neunzigerjahren. Vor rund dreißig Jahren wurde von der Politik nämlich festgelegt, dass ein Kinderarzt maximal für 3.990 Kinder zuständig sein soll. Das führt heute dazu, dass sich in Berlin (wie auch in Hamburg) kein Kinderarzt mehr niederlassen darf, weil es in der Hauptstadt 307 Kinderärzte gibt, obwohl es laut dortiger Planung eigentlich nur 243 geben darf – auf dem Papier besteht also ein Überangebot an Ärzten. In der Realität haben allerdings auch in Berlin die meisten Kinderärzte einen Aufnahmestopp verhängt, weil ihre Praxen vollkommen überlaufen sind.

Tatsächlich gibt es heute mit fast 15.000 praktizierenden Kinderärzten in Deutschland[43] weit aus mehr als früher – im Jahr 1975 etwa waren es rund 2.500 (diese Zahlen beziehen sich nur auf die alte Bundesrepublik.)[44] Allerdings haben die heute viel mehr Aufgaben zu erledigen als früher. Schon immer gab es für Kinder eine Anzahl empfohlener Vorsorgeuntersuchungen, die die gesunde Entwicklung sicherstellen sollten. Deren Anzahl und Umfang sind jedoch stetig gestiegen. Von der Geburt bis zum 18. Lebensjahr sind 15 Untersuchungen vorgesehen, die teilweise über eine Stunde Zeit in Anspruch nehmen. Daneben wächst auch die Zahl an möglichen Impfungen, die ein Kinderarzt heute durchführen kann und über die er jeden Patienten eingehend aufklären muss. Und schlussendlich nennt dann auch Hermann Josef Kahl die steigende Geburtenrate in Deutschland und die große Anzahl an Flüchtlingskindern als Gründe für die deutlich gestiegene Arbeitsbelastung der Kinderärzte[45] – übereifrige Eltern erwähnt er in diesem Zusammenhang jedenfalls nicht.

Kinderärzte, egal ob selbstständig, als Angestellte in Praxen, Krankenhäusern oder Jugendhilfszentren, leisten heute also viel mehr als noch vor dreißig Jahren. Das ist politisch nicht nur so gewollt, sondern hängt auch mit der Verbesserung der medizinischen Standards und dem wissenschaftlichen Fortschritt zusammen. Der durchschnittliche Gesundheitszustand von Kindern hat sich in Deutschland enorm verbessert. 1979, zum Internationalen Jahr des Kindes, brachte das Statistische Bundesamt einen Bericht mit dem Titel *Die Situation der Kinder in der Bundesrepublik Deutschland* heraus. Der Stichpunkt »Gesundheit der Kinder« liest sich mit heutigen Augen in Teilen wie ein Schreckensprotokoll, obwohl die Gesundheitsfürsorge damals in gewissem Maße als Erfolg galt, da sich die Situation gegenüber den Fünfziger- und Sechzigerjahren stark verbessert hatte. Nach wie vor gab es aber eine auch für Industriestaaten hohe Säuglingssterblichkeit, und in den Statistiken tauchen zurückgedrängte und heute damit fast vergessene Krankheiten wie Ruhr, übertragbare Kinderlähmung, Tuberkulose und Typhus auf. Präventionsmaßnahmen, wie wir sie heute kennen, mit regelmäßigen Pflichtuntersuchungen durch den Kinderarzt und gesundheitlicher Bildung, gab es nicht. Genauso werden Fälle von Kindeswohlgefährdung und sozialer Verwahrlosung heute effektiver durch Kitas, Schulen und Kinderärzte identifiziert und an die Behörden gemeldet. Alles mit dem Effekt, dass heute weniger Kinder unter Missbrauch und Verwahrlosung leiden.

Ich kann mich an keine Phase im Leben erinnern, an der wir so eine regelmäßige und umfängliche medizinische Betreuung genossen haben wie nach der Geburt unseres Kindes. Dadurch entsteht nicht nur ein besonders enges Vertrauensverhältnis zum medizinischen Personal, sondern auch ein neues Anspruchsdenken. Wenn es unserem Sohn nicht gut geht, dann sind wir, wie alle Eltern, besorgt. Und dann handeln wir, auch wenn es im Nachhinein vielleicht nicht immer notwendig gewesen wäre, und gehen zum Arzt. Ich bin mir bewusst, dass das gesetzliche Kassensystem auf Solidarität beruht, und dass jede unnötige Konsultation immer auch zulasten der Solidargemeinschaft geht. Und bei Erwachsenen hätte ich sogar nichts dagegen, die Sprechzeit zu bezahlen, wenn der Arzt zu dem Schluss kommt, dass der

Besuch unnötig war. Aber bei Kindern? Allein die Tatsache, dass ein Kind über Schmerzen klagt und man die Schmerzen nicht beseitigen kann, rechtfertigt in meinen Augen einen Arztbesuch.

Wir wohnen praktischerweise in direkter Nachbarschaft zu einer Notaufnahme, in der grundsätzlich ein Kinderarzt Bereitschaft hat. Und ja, wir waren bereits mehrfach auch nachts dort. Genau genommen waren es nie Notfälle, mal hohes Fieber, mal Streptokokken, dann eine allergische Reaktion aufs gegen die Streptokokken verabreichte Penicillin. In allen drei Fällen hätten wir die Nacht abwarten und morgens als Notfallpatient zum überlasteten Kinderarzt gehen können. Und natürlich darf man fragen, ob das nicht besser gewesen wäre. Allerdings würde ich dann antworten: Nein. Weil ich meinem Sohn eine Nacht voller Schmerzen ersparen möchte und weil ich individuelle Erfahrungswerte habe. Ich erinnere mich, wie ein Splitter im Zehenballen unseres Sohnes steckte. Es war Freitagabend und er hatte Schmerzen. Um den Splitter herum war die Haut stark gerötet, der Fuß war verglichen mit dem gesunden Fuß etwas geschwollen. Selbst wir erachteten den Besuch der Notaufnahme in diesem Fall als übertrieben, und meine Frau versorgte den Fuß mit Zugsalbe und Pflaster und sagte unserem Sohn: »Morgen Früh ist es weg.«

Morgen Früh war es aber nicht weg. Der Fuß war noch dicker geworden, und an der Stelle, wo der Splitter saß, hatte sich ein kleines Eiterpüstelchen gebildet. Gegen Nachmittag schickten wir per SMS ein Foto der Stelle an sämtliche Mediziner in unserem Verwandtenkreis und bekamen sehr schnell den einstimmigen und unmissverständlichen Rat, in die Notaufnahme zu gehen. Der Rest ist schnell erzählt:

Wir kamen sofort dran, die Kinderärztin öffnete die Wunde und sagte uns durch die Blume, dass man bei so einer Sache ruhig früher hätte kommen können – da ist schnell der gesamte Knochen in Gefahr, wenn die Vereiterung so tief geht.

Ich musste an diesem Moment an meine Mutter und die Blinddarmentzündung denken, und mir wurde noch mal klar, wie schwierig die Gratwanderung zwischen »Wird schon werden« und »Ab zum Arzt« für Eltern ist. Und dass ich zukünftig erst recht nicht mehr zögern werde, in die Notaufnahme zu fahren, wenn unser Kind an etwas leidet, was wir als Laien nicht mit Sicherheit einordnen können.

Die Verunsicherung darüber, ob das eigene Kind wirklich gesund und bloß müde ist oder doch an etwas Unerkanntem leidet, kann einen heutzutage in den Wahnsinn treiben, und manchmal sehne ich mich nach einer Nachrichtensperre für neue wissenschaftliche Erkenntnisse aus dem Bereich der Kindermedizin. Zum Beispiel kann man die Uhr danach stellen, wann man im Frühjahr irgendwo hört, liest oder sieht, dass Kinder heutzutage immer stärker von Allergien betroffen sind. Ein immer wieder zitiertes Beispiel: Kinder, die auf dem Land aufwachsen, entwickeln seltener Allergien als Stadtkinder, weil ihr Immunsystem von früh an besser trainiert wird.

Ich kann die immer wiederkehrenden Warnungen rückwärts aufsagen, wie schädlich es sei, sein Kind in einer aseptischen Umgebung aufwachsen zu lassen. Und unvergessen der Spruch: »Dreck reinigt den Magen.« Nur wenn das Immunsystem regelmäßig mit Keimen konfrontiert wird, könne es auch eine Abwehr entwickeln, ist der gängige Expertenrat. In einem Interview vom März 2018 (das ist an dieser

Stelle wichtig zu wissen) mit der *Frankfurter Allgemeinen Zeitung* erklärt Eckard Hamelmann, Professor an der Klinik für Kinder- und Jugendmedizin am Kinderzentrum Bethel in Bielefeld: »Allergien und Autoimmunerkrankungen wie Diabetes Typ 1 treten heute viel häufiger auf, als das früher noch der Fall war. Genetisch kann dies nicht begründet werden. Es sind Umweltfaktoren, die dazu beitragen.« Es fehle in der frühen Kindheit heute oft der Kontakt zu Mikroben und Pilzen, die unser Immunsystem anregen und regulieren.

Richtig, dachte ich und erinnerte mich, welche Sandkistenladungen ich als Kind konsumierte, wenn wir zum Beispiel Eisdiele auf dem Spielplatz spielten. Dumm nur, dass ich ebenfalls im März 2018 in der *Süddeutschen Zeitung* lesen musste, wie gefährlich Badetiere für Kinder seien, da sich in ihrem Inneren Pilze und Keime bilden, die durch die typische Öffnung ins Badewasser gelangen und aussehen wie schwarze Fusseln. Mikrobiologen vom Wasserforschungsinstitut Eawag in Dübendorf bei Zürich hatten sich ein paar Gummientchen vorgenommen, durchgeschnitten und den Biofilm untersucht. Dabei entdeckten sie Keime, die krank machen können, und empfahlen, die Tiere regelmäßig auszukochen (was allerdings der Länge ihrer Lebenszeit weniger zuträglich ist).

Wieder einmal hatte ich etwas Neues erfahren und spürte plötzlich eine große Angst vor den gelben Quietscheentchen, mit denen mein Sohn beim Baden spielt. Trainiere ich also sein Immunsystem, wie Herr Hamelmann vorschlägt, und lasse ihn mit den Keimschleudern knuddeln, oder richte ich mich nach den eidgenössischen Mikrobiologen und koche sein Spielzeug regelmäßig aus? Und führt das dann nicht in die gefährliche Sauberkeit, in der Stadtkinder heutzutage umzukommen drohen? Wir rücken ja auch dem Hausstaub schon deshalb so zu Leibe, weil wir erfahren haben, dass er schwer allergieauslösend ist, auch wenn das Immunsystem durch die Flocken unter der Kommode ja eigentlich trainiert werden müsste. Da ist sie wieder, die gute alte Verunsicherung ...

Es stimmt übrigens nicht, dass Allergien erst mit den Umwelteinflüssen des Industriezeitalters auftraten, wie das immer mal wieder kolportiert wird. Von Britannicus (1. Jahrhundert n. Chr.), dem Sohn des römischen Kaisers Claudius, ist überliefert, dass ihm regelmäßig die Augen tränten, sobald er auf einem Pferd saß, was für einen angehenden Feldherrn ein ziemlich doofes Schicksal ist. Und noch weiter zurückliegende Quellen aus Persien zeugen davon, dass es im Frühjahr zur Rosenblüte viele verschnupfte Nasen im Volk gab.[46] Vergleicht man die Statistiken, dann leiden Kinder heute jedoch tatsächlich öfter unter einer Allergie als noch vor fünfzig Jahren. Rund ein Viertel sollen es sein, Tendenz steigend.[47] Als Gründe dafür, dass sich die Zahl der Allergiker seit den Sechzigerjahren pro Jahrzehnt nahezu verdoppelt hat[48], nennen Experten Umwelteinflüsse, falsche Ernährung und den verstädterten Lebensstil. Also raus aufs Land ziehen, ein Leben wie 1950?

Vielleicht, aber das ist jetzt meine laienhafte These, hängt die Zunahme auch damit zusammen, dass wir heute viel öfter zum Arzt gehen und uns durchchecken lassen. Finden Ärzte nicht immer was? Wie viele Menschen, die früher dachten, sie haben einen schwachen Magen, litten eigentlich unter eine Laktose- oder Glutenintoleranz? Und wie viele

Menschen, die heute Bauchweh haben nach einem Becher Eis mit Waffel und Keksen, denken, sie seien Laktose- oder Glutenintoleranzler, weil sie davon gehört und gelesen haben, lassen sich entsprechend behandeln und gehen damit in die Statistik ein? Wie viele gefühlte Allergien stehen in diesen Statistiken?

Laut Umweltbundesamt hat sich die Luftqualität in Deutschland in den vergangenen Jahrzehnten nicht nur auf dem Land, sondern auch in den Städten enorm verbessert[49] (wenn man nicht gerade wie wir an einem Verkehrsknotenpunkt wohnt). Allein in der Nachwendezeit ging die Schadstoffbelastung stark herunter. Gleichzeitig gelten Schadstoffe in der Luft als Allergierisiko. Untersuchungen haben gezeigt, dass Birken, die in der Stadt stehen, durch die Feinstaubbelastung den Pollenflug verstärken.[50] Feinstaub und Birken gab es jedoch auch vor vierzig Jahren, und trotzdem gab es nicht so viele Allergiker. Und nun kommt's: Eines der größten Risiken, gerade für Kinder, ist der Kontakt mit Zigarettenrauch,[51] warnen Forscher. Zigarettenrauch ist etwas, das die meisten Kinder heute gar nicht mehr kennen, das aber in der guten alten Zeit, als die Kinder noch gesund und allergiefrei waren und nicht in ihren angeblich so sterilen Stadtzimmern verkümmerten, ständig in der Luft lag. Genauso wenig wie die Menschen damals bei einem Husten gleich an eine Allergie dachten, war ihnen klar, dass von Rauchern ein Umwelt- und Gesundheitsrisiko ausging. Wie passt das alles zusammen?

Ich möchte dazu wieder eine kleine Geschichte erzählen, diesmal allerdings aus meiner Studentenzeit. Eine der wertvollsten Lernerfahrungen als Geschichtsstudent machte ich, als mir mein damaliger Dozent Dr. Lebesam die allererste Hausarbeit zurückgab. Nun, zurückgeben entspricht nicht ganz dem Bild, er haute sie mir um die Ohren. Aus meiner Sicht war ich der sensationell klugen Frage nachgegangen, warum sich der mittelalterliche Mensch nicht einfach öfter wusch, statt regelmäßig an Pest und Cholera zu sterben. Es musste einen triftigen Grund gegeben haben, weshalb die Menschen im mittelalterlichen Europa einen großen Bogen um Wasser und Seife machten und stattdessen lieber an eitrigen Beulen und schwarzem Auswurf zugrunde gingen. Ich war schwer verwundert über die bis dato signifikante Forschungslücke und wollte mit meiner Arbeit die nötige Aufklärungsleistung erbringen. Die Recherche gestaltete sich schwierig, niemand vor mir hatte diese schreiende Leere der Geschichtswissenschaft auch nur ansatzweise erkannt; daher lieferte ich entsprechend motiviert gleich mehrere für mich sehr nachvollziehbare Theorien (Wasserknappheit, Seifennotstand, vielleicht auch beides) und war höchst erwartungsfroh, was die Beurteilung dieses bahnbrechenden Forschungsstücks anging.

Dr. Lebesam war dann zunächst sehr höflich, was die Formulierung seines Urteils anging, im Kern aber lief es darauf hinaus, dass mein Gedankenkonstrukt nicht sensationell klug, sondern eher sensationell dumm sei; es so gesehen nicht einmal für einen unbenoteten Schein reiche. Nicht mangelnde Seife oder Wasser (oder auch beides) seien schuld gewesen an den hygienisch desaströsen Bedingungen in den europäischen Gesellschaften des Mittelalters und der frühen Neuzeit, sondern allein der Umstand, dass die Menschen damals gar nicht wussten, was Hygiene ist und wofür sie genau eingesetzt werden kann. Eine Fragestellung, die den Wissensstand des beobachteten historischen Zeitraums außer Acht lasse und sich stattdessen an den Maßstäben der Zeit orientiere, in der der Forschende selbst lebe, sei komplett unwissenschaftlich, man könne post rem ja alles beantworten, nur bringe das die historische Forschung nicht weiter und reiche nicht mal fürs *Reader's Digest*. Etwas weniger höflich sprach Dr. Lebesam schließlich von irgendwelchen heiligen wissenschaftlichen Kühen, die mit dieser Hausarbeit sauber in ihre Einzelteile zerlegt worden seien, dann trennten sich unsere Wege für einige Semester.

Ich entschloss mich damals zunächst, den Begriff »post rem« nachzuschlagen und vorerst keine Seminare bei Dr. Lebesam mehr zu besuchen, muss aber mit meinem heutigen Kenntnisstand zugeben, dass ich meinem Prof sehr, sehr dankbar bin, dass mir durch ihn nicht nur eine der demütigendsten Erfahrungen meines jungen Studentenlebens zuteil wurde, sondern ich darüber hinaus gleich das ganze Proseminar wiederholen musste. Das tat weh, sehr weh sogar, hatte jedoch eine nachhaltige Wirkung. Nie, nie, nie wieder machte ich den Fehler, irgendetwas, das lange her ist, post rem zu beurteilen. Schon jetzt eine Warnung an alle Geschichtsstudenten der Zukunft: Wer sich in dreihundert Jahren fragt, warum wir anno 2019 alle bei Facebook waren, obwohl Social Media doch direkt in den Untergang der mit Internet versorgten Erdteile führte, unterliegt wissenschaftlich gesehen einem Denkfehler.

Diese Erfahrung schützt mich vor der unsinnigen Frage, die in Reichweite liegt, wenn man sich heute Fernsehsendungen anschaut, die vierzig, fünfzig Jahre zurückliegen. Da sitzen sehr prominente Menschen in Talkshows, die man nur anhand ihrer Stimme identifizieren kann, weil der Körper komplett im Zigarettenqualm verschwunden ist. In der heute an Realsatire erinnernden Verkehrserziehungsreihe *Der 7. Sinn* wird vor dem reflexhaften Herumreißen des Steuers gewarnt, während niemand die Tatsache, dass sich die Fahrerin die ganze Zeit fröhlich in den Schritt ascht, nicht einmal entfernt als mögliches Sicherheitsrisiko würdigt. Im Bundestag muss es alten *Tagesschau*-Sendungen zufolge gestunken haben wie in einer verkehrsüblichen Absturzkneipe. Will sagen: Für damalige Zeiten war Rauchen etwas sehr Alltägliches. Der Zusammenhang von Mikropartikeln, Allergien, Asthma und Lungenkrebs wurde höchstens in der Forschung erahnt, war als wissenschaftliche Information jedoch keinesfalls mainstreamfähig. Und solange Kinder als Betthupferl nicht selbst an der Glimme zogen, galt es als unbedenklich, wenn Papi die Gute-Nacht-Geschichte in Kombination mit einer filterlosen Rothhändle am Bettchen vorlas. Trotz des Zigarettenqualms schliefen Kinder damals prima ein, denn es gab ja noch die schöne Sitte, den Schnuller erst in etwas Cognac und dann in Zucker zu tauchen. Süße Träume, mein Schatz!

Heute weiß jeder, dass die Qualm bedingten Todesfälle wie zum Beispiel durch Lungenkrebs mehr und mehr zurückgehen, eben weil erheblich weniger geraucht wird. Seit 1960 hat sich die Zahl aktiver Raucher in Deutschland um über siebzig Prozent verringert,[52] damit einhergehend auch mindestens in dieser Höhe die Zahl passiver Raucher, und das Rauchen in geschlossenen Räumen ist auch privat überwiegend marginalisiert.

In den Sechziger- und Siebzigerjahren führte das Thema Allergien ein Nischendasein, und der Zusammenhang zwischen der Lebensführung und gesundheitlichen Folgen war den Menschen nicht in dem Ausmaß bewusst, wie das heute der Fall ist. Führten Gesundheitszeitschriften früher ein Randdasein, ist heute der *Stern Gesund Leben* von Doktor Eckart von Hirschhausen eine der erfolgreichsten Neueinführungen auf dem Markt. Und es sind nicht nur die Medien, die uns ständig darauf hinweisen, was gesund und ungesund ist: Smartphones und Uhren fungieren ebenso als Medizincoaches. Der Mainstream lebt und isst immer gesünder und gibt das an seine Nachkommen weiter.

Ich kann diesen gesellschaftlichen Mentalitätswandel bei mir selbst erkennen. So krame ich mich auch um ein Uhr nachts noch aus dem Bett, wenn ich mal vergessen habe, die Zähne zu putzen, was im Übrigen so selten vorkommt, dass mein Zahnschmelz eine Ausnahme sicherlich überstehen würde. Wie selbstverständlich gehe ich heute zweimal im Jahr zur professionellen Zahnreinigung – auch etwas, das in meiner Kindheit noch nicht erfunden war. Damals fühlte sich das Rumkauen auf einer Fluortablette – in den Siebzigern der neueste Schrei – an, als habe Captain Future persönlich das Zähneputzen erfunden. Heute haben deutsche Kinder weltweit gesehen die besten Zähne. Über achtzig Prozent aller Zwölfjährigen sind kariesfrei.[53]

Bei uns in der Klasse gab es hingegen nur einen Jungen, der noch nie ein Loch hatte (abgesehen von Sabina Blankenburg natürlich). Meine Frau hatte als Kind sogar ein besonders formschönes, das sich über beide Frontschneidezähne zog und dessen Plombe sie mit der Zungenspitze nach

Belieben rausdrücken konnte. Darüber, warum Zahngesundheit früher noch nicht den Stellenwert hatte wie heute, kann ich nur mutmaßen. Wahrscheinlich gibt es heute bessere Zahnbürsten als früher; ich habe eine mit Ultraschall, dazu motivierende Krankenkassenrabatte, Vorsorgeputztrainings in den Kitas und – das ist jetzt rein subjektiv – nettere Zahnärzte. Während mein Sohn gern zur Zahnärztin geht, weil sie ihn genauso herzlich behandelt, wie seine Babysitterin es tut, wurde ich von Doktor Udinger ausgeschimpft, wenn ich den Mund nicht weit genug aufriss. Als wir irgendwann zu Doktor Schraube wechselten, weigerte der sich einmal, mich zu behandeln, weil ich den Mund gar nicht mehr aufmachte aus Angst vor den Schmerzen (Kariesbehandlungen waren damals noch keine Betäubung wert). Mit Doktor Schnabelmann machte ich schließlich bessere Erfahrungen, weil er immer schön schnell fertig war. Leider kam Jahre später heraus, dass er unter anderem deshalb so zügig war, weil er keine Unterfüllungen machte und das Amalgam lieber gleich großzügig in die Löcher stopfte. Mit zwanzig mussten die betroffenen Zähne grundlegend und aufwendig saniert werden.

Erst in den Siebzigerjahren konnte die Zahnforschung den Zusammenhang von Zuckerkonsum und Karies wissenschaftlich nachweisen.[54] Es verhielt sich also wie mit dem Rauchen – lange Zeit war nur den wenigsten bewusst, was gut für die Zähne ist und was eher nicht. Die Eltern von Ecki Hauser, der eine besonders große Skepsis gegenüber jeder Form von Zahnbürsten entwickelte, erlaubten ihm zum Beispiel, statt des Zähneputzens einen Apfel oder ein Stück Käse zu essen, weil das die Zähne genauso sauber machen würde (woher sie diese Erkenntnis nahmen, weiß ich leider nicht). Ich versuche mir gerade vorzustellen, wie Eckis Gebiss heute aussehen mag, sofern er noch ein eigenes besitzt.

Seine Eltern jedenfalls hatten abends ihre Ruhe, denn eines hat sich seit Jahrhunderten nicht verändert: Kinder schreien morgens und abends nicht gerade »Hurra«, wenn man mit der Zahnpasta winkt. Da muss man sich Zeit nehmen und die nötige Konsequenz an den Tag legen, womit wir wieder beim Punkt sind: Die Fortschritte in der Zahngesundheit haben nämlich auch damit zu tun, dass Eltern bereit sind, mehr von ihrer eigenen Freizeit für die Kinder abzuzweigen als früher. Oder anders gesagt: Hätte der Begriff der Helikopter-Eltern schon vor vierzig Jahren eine solche Verbreitung gefunden wie heute, dann wäre klar gewesen, woran man deren Kinder erkannt hätte: an weißen, kariesfreien Zähnen.

Eltern, die mit ihrem Kind regelmäßig auch mit (vermeintlich) kleinen Wehwehchen zum Arzt gehen und ihre Wohnung keimfrei halten, schaden weder dem Gesundheitssystem, noch fördern sie Allergien und Unverträglichkeiten. Sie tragen im Gegenteil Sorge dafür, dass ihr Kind ohne bleibende Schäden heranwächst.

8. Warum es besser ist, Kinder zu beschäftigen

Oder: »Wir haben uns früher noch richtig gelangweilt, und niemand von den Erwachsenen hat sich deshalb gleich um uns gekümmert«

Es gab in meiner Kindheit zwei Vorfälle, die mein zukünftiges Leben als Vater nachhaltig geprägt haben: a) die tägliche Langeweile nach der Schule und b) die gelangweilten Schlüsselkinder, die nachmittags bei mir klingelten.

Wir lebten das Ideal der modernen Erziehungswissenschaften: Wir hatten ausreichend Zeit, den Ausbau der rechten Gehirnhälfte voranzutreiben, ohne Vormundsgemäkel die Natur zu erkunden und so richtig was fürs Leben zu lernen. Das ging so: Schustersuppe herstellen (Schuster fangen und im Wassereimer durch kräftiges Umrühren ersaufen), Kreuzspinnen in Marmeladengläser einsperren und kräftig durchschütteln, Ameisen mit Klebstoff beträufeln und das Ergebnis den anderen als lupenreinen Bernstein verkaufen oder André Pitkovic Regenwürmer essen lassen oder ihn auf einen Jägerstand hieven, der hoch genug war, damit er von allein nicht runterkam, während wir anderen wegliefen.

Was ich damit sagen möchte: Wenn Kinder keine vorgegebene Agenda haben, muss das nicht bedeuten, dass sie ausschließlich Dinge tun, die entwicklungsförderlich sind. Oder noch anders ausgedrückt: Es gibt eine Menge Beispiele, was Kinder anrichten können, wenn sie sich selbst überlassen sind.

Nach dem heutigen Forschungsstand der Erziehungswissenschaften ist Langeweile aber geradezu ideal für Kinder, um die kreativen Hirnregionen und die Befähigung zur Eigeninitiative zu entwickeln. »Warum Langeweile wichtig ist« erklärte die *Süddeutsche Zeitung* in einem Artikel,[55] der mich neulich wieder darüber aufklären wollte, was wir als Eltern heute falsch machen. Auf der Wissenschaftsseite kam der Hamburger Erziehungswissenschaftler Peter Struck zu Wort, der Eltern davor warnte, auf ein gelangweiltes Kind mit einem Angebot zu reagieren. Im kindlichen Gehirn verankere sich sonst die verheerende Gleichung, auf ein genöltes »Mir ist sooo langweilig« folge unmittelbar die Bespaßung durch Mama oder Papa (oder im schlimmsten Fall gleich durch beide). Da schwingt der fatale Vorwurf mit, heutige Eltern würden ihr Kind bis zum Erschöpfungstod mit Programm vollstopfen, damit es nicht im Ansatz etwas empfinde, das irgendwie mit Langeweile zusammenhängt.

In seinem Buch *Rettet die Neugier* richtet sich der Naturwissenschaftler Salman Ansari gegen die Frühförderung von Kindern, weil sie dadurch keinen Raum zur Entwicklung bekämen und mit Informationen überfordert würden, die sie in diesem Alter noch gar nicht bräuchten. Auch wenn ich gerade überlege, dass es bei uns eher so ist, dass unser Sohn uns mit Informationen überfordert (»Wusstet ihr, dass die

Römer schon Fußbodenheizungen hatten?«, »Wusstet ihr, dass man einen Falken mit toten Küken füttert?«, »Wusstet ihr, dass es ein Metall gibt, das unter Wasser brennt?« Ich: »Ja, klar.« Sohn: »Welches denn?« Ich: »Äh.« Sohn: »Magnesium, Papa.«), klingt Ansaris These ja erst mal nicht falsch. Welches Kind muss mit vier Jahren schon Mandarin sprechen oder Börsenkurse interpretieren können, wie es ja die Helikopter-Eltern von ihrem Nachwuchs angeblich erwarten? Ansari dagegen sagt: Kinder wollen von ganz allein ganz viel wissen, lasst sie ohne Zwang selbst bestimmen, was sie lernen wollen. Soweit so sympathisch und kongruent mit der Erziehungseinstellung von mir und meiner Frau. Allerdings lässt er sich, wie so viele Erwachsene, dazu verleiten, die eigene Kindheit gegen die heutige zu stellen und sie als allein seligmachend zu verklären. So beklagt er in einem Interview mit der *ZEIT:* »Meine Kindheit spielte sich im Freien ab und war viel weniger belastet. Was Kinder heute alles wahrnehmen und aufnehmen müssen, ist ungeheuerlich. Uns ging das Weltgeschehen überhaupt nichts an, wir haben es auch gar nicht mitbekommen. Kindheit war ein Schonraum, das ist heute anders.«[56]

Dieser sogenannte Schonraum, der oft von elterlichen Ansagen à la »Das geht Kinder gar nichts an« und »Komm du mir nach Hause!« eingehegt war, begann früher täglich mit dem Schulschluss. Und der war früh, oft schon um ein Uhr mittags. Im besten Fall langweilten sich die bildungsbürgerlich geprägten Schlüsselkinder, die Ansari bei seiner Schonraum-These wohl am ehesten vor Augen hat, bis um vier endlich das Haus der Jugend öffnete und der Computerkurs, die Schach-AG und die Zuchtfisch-Lerngruppe begann. Im schlechtesten Fall gab es für die Schlüsselkinder, denen das Programm vom Haus der Jugend weniger zusagte, tatsächlich nur die Möglichkeit, die Zeit mit sehr viel Blödsinn zu verbringen. Und im allerschlechtesten Fall kam man selbst genau zum falschen Zeitpunkt an so einer Gruppe gelangweilter Schlüsselkinder vorbei, die sich einem in den Weg stellten und drohend forderten: »Guck mich mal an!«

Wie ich selbst mehrmals feststellte, war das ein Befehl, der, egal ob man ihn befolgte oder nicht, jeweils die gleiche Konsequenz nach sich zog. Sah man nämlich tatsächlich ins Gesicht des Gelangweilten, bekam man sofort eine Backpfeife. Sah man nicht hin, und das war anfangs noch überraschend, bekam man ebenfalls direkt eine Backpfeife. Oft wurde man noch kurz in den Schwitzkasten genommen und je nachdem, ob man ein besonders attraktives Opfer war (aktive Gegenwehr) oder nicht (passives Hinnehmen), dauerte es länger oder kürzer, bis die Gelangweilten von einem abließen, man seinen Ranzen aus dem Gebüsch holen durfte und den Rest des Heimwegs antrat, als wäre nichts weiter geschehen.

Gelangweilte Schlüsselkinder im nachmittäglichen öffentlichen Raum gibt es, wie vorne schon angesprochen, heute nicht mehr. Der größte Feind kindlicher Langeweile unserer Zeit ist nämlich die Ganztagsbetreuung. Nachmittags Schule? Das klang früher nach Nachsitzen, die Höchststrafe für den Durchschnittsschüler. Heute haben sich nicht nur die Schulstunden für Kinder mehr als verdoppelt, auch die Kitazeiten sind massiv ausgeweitet worden. In Hamburg gehen mittlerweile neun von zehn Kindern auf eine Ganztagsschule.[57] Die Schüler werden mittags verpflegt und am

Nachmittag weiter betreut, was so sinnvoll klingt, dass man sich fragt, warum diese Schulform noch relativ neu ist.

1966 gab es in ganz Deutschland exakt 58 Ganztagsschulen,[58] und auch in Hamburg, dem Spitzenreiter in Sachen Abdeckung, entstanden sie erst ab den Nullerjahren nach und nach. Wer heute wochentags am Nachmittag unterwegs ist, dem fällt tatsächlich auf, dass Kinder und Jugendliche weitgehend aus dem Stadtbild verschwunden sind. Spielplätze sind verwaist, auf den Bolzplätzen fliegen Vögel statt Bälle und die Häuser der Jugend sind zu Häusern der Stille geworden. Das bedeutet gleichzeitig, dass auch dort keine Kinder mehr zu sehen sind, wo man sie früher häufig antraf und nicht immer den Eindruck hatte, dass es ein besonders geeigneter Ort sei, um sich die Langeweile zu vertreiben: etwa die Videospielabteilungen der Kaufhäuser, die Eingangsbereiche der U-Bahnhöfe oder die Treppenstufen vor Paschkes Tabak-, Spirituosen- und Rubbellosparadies.

Auch wenn es keinen wissenschaftlich belegbaren Zusammenhang zwischen dem starken Rückgang von Sachbeschädigungen in Hamburg in den letzten Jahren und dem Ausbau der Ganztagsbetreuung gibt, so ist doch interessant, dass mit den gelangweilten Kindern und Jugendlichen auch die typischen Beschädigungen von Bushaltestellen und anderem öffentlichen Mobiliar seltener geworden sind. Kriminologen weisen in diesem Zusammenhang daraufhin, dass die Bereitschaft der Bevölkerung, Sachbeschädigungen anzuzeigen, heute viel höher als früher ist. Und die Uni Konstanz hat in einer Untersuchung im Jahr 2012 deutlich gemacht, dass der Trend der rückläufigen Jugendkriminalität in ganz Deutschland sogar noch deutlicher ausfalle, wenn man die Statistik dahingehend interpretiere, dass früher nicht nur weniger angezeigt wurde, die Fallzahlen also deshalb geringer waren, sondern dass heutzutage oft schon Raufereien und Sachbeschädigungen angezeigt werden, die früher gar nicht als solche erkannt wurden.[59] Ist die Ganztagsbetreuung also auch ein Präventionsmittel, das Kinder und Jugendliche auf dem rechten Wege hält?

Rückblickend auf die eigenen Nachmittagserlebnisse ist die Beweislage zu erdrückend, um diese Frage nicht mit einem lauten Ja zu beantworten. Nehmen wir nur das Beispiel Marcus Zottenhamel, der immer eine Idee hatte, seinen kreativen Erfindungsgeist in unserer Wohnsiedlung auszuleben. So erhielten die Bewohner eines Tiefparterres flächendeckend eine Fußbodenheizung für ihren Balkon gratis, weil Marcus ein großes Faible dafür besaß, Feuer darunter zu legen. Er befestigte mit beinahe liebevoller Präzision Hundekot unter Autotürklinken, und angesichts seines großräumigen Böllervorrates musste die Silvesterzeit zwangsläufig schon Anfang Oktober beginnen. Sie ging dann meist erst im Spätsommer des darauffolgenden Jahres zu Ende. Zusammengefasst: Wäre Marcus Zottenhamel hundert Jahre früher geboren, hätte Wilhelm Busch sein berühmtestes Werk *Max und Marcus* nennen müssen. Marcus, das muss ich hier der Vollständigkeit halber erwähnen, ist heute ein erfolgreicher Unternehmer, vorbildlicher Familienvater und läuft am Tag geschätzt vier Halbmarathons. Man muss also fragen: Was wäre möglich gewesen, hätte es damals schon eine Ganztagsschule gegeben?

Ich könnte das ganze Buch füllen mit Anekdoten, die mir Freunde erzählt haben über das destruktive Potenzial von Langeweile, wobei ich hier nur noch eine zum Besten geben möchte, die es aber in sich hat. Sie stammt von einem Freund, der in Ost-Berlin aufwuchs und der von einer gängigen Freizeitbeschäftigung Halbstarker berichtete, die ihn noch heute beschäftigt. Damals flogen des Öfteren Kleintiere, die es an vielen Ecken für ein paar Ostmark zu kaufen gab, zum Spaß aus Hochhausfenstern in die Tiefe; oft wurden den Hamstern und Mäusen halbierte Tischtennisbälle als Helme aufgesetzt oder Fallschirme gebastelt, was den Tieren beides wenig brachte. Dagegen kommt mir der gelangweilte Klassenkamerad, der öffentlich sein Plüschkrümelmonster folterte, wie Gandhi vor.

Für uns Eltern, die ihre Kindheit in den Siebziger- und Achtzigerjahren verbrachten, ist Langeweile etwas, das es mal gegeben hat, als es auch noch Telefonzellen gab (die einem als Pubertierender hervorragend als Ort des Zeitvertreibs dienten. Vorausgesetzt, man hatte einen dicken Edding zur Hand). Wo also ist sie hin, die gute alte Langeweile? Das fragen sich in letzter Zeit mit spürbarer Sehnsucht immer mehr Feuilletonisten und Fernsehredakteure, man kann dieses Thema in fast jedem Medium finden, ob *Vice*, *Brigitte*, *Cicero*, dem Magazin der Deutschen Bahn, ARD, RTL plus oder Deutschlandfunk. Es gibt erfolgreiche Zeitschriften, die der Langeweile sogar huldigen (*Flow*, *Slow*, *Hygge*), und auch ich erwische mich manchmal dabei, wie ich mir nichts sehnlicher wünsche als einen Tag komplett ohne Agenda. Eine lange Weile lang nichts müssen, nicht arbeiten, keinen Anruf tätigen, kein Backup des Smartphones machen, den Kühlschrank auf Vollständigkeit überprüfen, zum Elternabend gehen. Da beginnt die Quality

Time, würde man heutzutage sagen, und ich wüsste schon jetzt, dass ich etwas tun würde, das mir Freude bereitet und wozu ich sonst nie Zeit habe. Langeweile kenne also auch ich nicht mehr.

Der Begriff Langeweile aber ist für Kinder – das weiß ich aus eigener Erfahrung nur allzu gut – ein reiner Euphemismus; die Österreicher haben den passenderen Ausdruck, die sagen: Fadesse. Und genau das ist es, was ich früher nicht selten am Nachmittag empfand. Alles war irgendwie fade. Man saß mit dem Rücken an seine Kindercouch gelehnt und blickte durch sein Zimmer. Jedes Spielzeug, egal wie heiß ersehnt es einmal gewesen war, schien plötzlich total oll. Eine Runde Sagaland spielen? Das Westernfort von Playmobil aus dem Schrank holen? Die Darda-Bahn aufbauen? Laaaaaangweilig. Ich möchte an dieser Stelle dem Erziehungsexperten Struck vom Anfang dieses Kapitels zurufen: Hallo, ich habe in solchen Momenten der Langeweile keine Werte geschaffen, an denen ich gewachsen wäre, eher im Gegenteil. In dieser Phase der Fadesse giert man einem Erlebnis nach wie ein Drogenabhängiger dem Stoff. Häufig war sie der Ausgangsmoment einer Entwicklung, die am Ende entweder teuer für die Allgemeinheit und insbesondere für die eigenen Eltern wurde und/oder einen direkt ins Krankenhaus führte. Und regelmäßig begann dieser Moment mit dem schönsten Geräusch, das sich ein gelangweiltes Kind nur vorstellen kann. Dem Schrillen der Türklingel.

Schlüsselkind 1: »Kommste raus?«

»Mmh, weiß nicht.«

»Wir könnten wieder mit Stöcken den Gully verstopfen.«

»Och nö.«

»Hmm. Hat dein Vater noch das Glas mit den selbstzündenden Streichhölzern im Wohnzimmer?«

»Warum?«

»Für ein Forscherexperiment. Aber du willst ja nicht rauskommen.«

»Was für ein Experiment ist das denn?«

»Ist geheim. Du kannst dabei sein. Für fünf Streichhölzer.«

Ich weiß noch, wie ich wenig später Schmiere vor einem Gebüsch hinter dem Haus der Jugend stehen musste. Wie plötzlich dichter Rauch in den Himmel stieg. Wie Schlüsselkind 1 wild im Gebüsch umhertrampelte, in der verzweifelten Hoffnung, der fein säuberlich entflammte Laubhaufen möge umgehend das Brennen einstellen. Wie wir schließlich heulend über die Wiese davonliefen, in tiefer Überzeugung, soeben einen ganzen Straßenzug in Brand gesetzt zu haben. Wie ich abends meinen Forscherkoffer rausstellen musste, weil er immer noch stechend nach Rauch stank.

Was habe ich fürs Leben gelernt? Nun, das: Sobald ich selbst einmal Vater sein sollte, würde ich besser keine bunten Streichhölzer in einer formschönen Bonbonniere einladend im Wohnzimmerregal dekorieren.

Da klingelte auch schon Schlüsselkind 2.

»Ey, im Wäldchen ist ein echter Käfer vergraben. Kommste mit?«

»Mhm. Weiß nicht.«

»Wir müssen den untersuchen, bis die Polizei kommt.«

»Hä? Polizei? Wegen einem Käfer?«

»Kein Käfer, Blödi. Ein VW-Käfer. Versteeehste?«

»Ein richtiges Auto?«

»Ja.«

»Echt?«

»Also kommst du jetzt mit?«

»Warte, ich hol schnell meinen Forscherkoffer.«

Tatsächlich hatte Schlüsselkind 2 das Dach eines im Boden eingegrabenen Schrottautos im nahen Waldstück gefunden. Mithilfe meines Forscherkoffers konnte ich Lackspuren nehmen, die stark darauf hinwiesen, dass der VW einmal blau gewesen war. Ich schrieb gerade in mein Forschernotizbuch »Farbe wahrscheinlich blau«, als Schlüsselkind 2 plötzlich schrie: »Alter, ein echter Kopf!«, woraufhin eine kopfgroße gelbe Kugel aus Bauschaum in meine Richtung rollte. Die Leistung kindlicher Gehirne schafft schon Beachtliches, jedenfalls fügte sich vor meinen Augen in Sekundenbruchteilen das Bild eines abgetrennten Hauptes zusammen, das munter auf mich zukullerte. In Panik stieß ich mit dem Hinterkopf gegen das rostige Autodach, und nur durch einen unglaublichen Zufall geriet ich beim Weglaufen nicht in eine der vielen verrosteten Stahlteile der Karosserie, die messerscharf aus dem Waldboden ragten.

Was habe ich fürs Leben gelernt? Nun, das: Wenn mein Sohn mit einem Freund irgendwohin rennt, wo irgendwas vergraben ist, dann werde ich ihnen Fahrradhelme aufsetzen, schweres Gerät einpacken und selbstverständlich mitkommen. Sie werden graben dürfen, aber ich werde genau sagen wo.

Der Schonraum, den Salman Ansari heute so vermisst, da bin ich mir sicher, verliert nicht an Schonkraft, wenn man als Eltern hin und wieder nach dem Rechten sieht. Besonders dann, wenn Kinder miteinander spielen und man sie nicht spielen hört. Das sind nämlich Momente, in denen der Schonraum eine besondere Zerstörungskraft entwickelt.

Heute haben mehr als doppelt so viele Menschen wie 1980 eine Haftpflichtversicherung,[60] womit zu erklären ist, dass den Versicherungen heute höhere Kosten durch von Minderjährigen verursachte Schäden entstehen. Dass zwischen 1980 und 1990 der Anstieg von Neuverträgen sprunghaft anstieg und heute seit Jahren Stagnation herrscht, ist natürlich kein Indiz, dass die gängige nachmittägliche Langeweile unter Kindern und Jugendlichen einem Konjunkturprogramm für die deutschen Versicherer gleichkam.

Allerdings hoffe ich rückblickend, dass die Eltern von Uwe Stengelmaier zu den wenigen zählten, die damals schon gut versichert waren, denn auch Uwe, das wurde hier schon an mehreren Stellen deutlich, hegte eine Faszination für alles, was rauchte, dampfte, knallte und sehr heiß war. So hatte er in tagelanger Fleißarbeit unzählige über das Jahr gesammelte Knallerbsen geöffnet und das Knallpulver (der Fachbegriff lautet Silberfulminat) in eine leere Margarinedose geschüttet. Da Uwe bei der Herstellung von Sprengstoffen eine beeindruckende Akribie entwickeln konnte, die in anderen Lebensbereichen besonders seine Lehrer schwer vermissten, war die Dose schnell randvoll. Er wickelte sie in Tesafilm ein und ließ sie vom obersten Punkt in ein Sandloch fallen, mit dem Ergebnis, dass nichts passierte. Erst als eines der Schlüsselkinder ihm ein Feuerzeug reichte, trat der erwünschte Erfolg ein. Allerdings waren alle Anwesenden danach eine Zeit lang schwerhörig.

Ich selbst kam einmal beim Warten auf das neue Jahr an einem langen Silvesterabend auf die Idee, die Sprengung eines Einfamilienhauses zu simulieren, und besorgte mir aus dem Eisenbahnkeller meines Vaters ein ausrangiertes

Märklinhaus, in das ich einen Böller klemmte, und forderte die versammelte minderjährige Nachbarschaft auf, einem Jahrhundertereignis beizuwohnen. Am Ende hatte eines der Kinder knapp unterhalb des rechten Auges eine Schnittwunde, weil es von einem der rasiermesserscharfen Gebäudeteile getroffen wurde. Hätte leicht auch anders ausgehen können.

Und als in den Achtzigerjahren das Alsterhaus in Hamburg einen Rohrbruch im Dachgeschoss erlitt und nicht nur die Feinkostabteilung hinwegspülte, sondern – für mich und meinen Bruder besonders faszinierend – auch gleich die komplette Spielzeugabteilung, bedurfte es nur eines unausgefüllten Ferientages und eines entsprechenden Maßes an Langeweile, bis wir das Geschehene – damals ein großes Stadtgespräch – zu Hause realistisch nachspielten. Mit Playmobil bauten wir das Kaufhaus maßstabsgetreu nach und stellten den Katastrophenverlauf mittels einer Wasser gefüllten Tupperwareschüssel nach, die das lecke Kühlsystem darstellen sollte. Weil der Effekt zunächst enttäuschend ausfiel, füllten wir einen Fünf-Liter-Eimer, dessen Inhalt wir sukzessive in den Plastikschornstein gossen, um zu gewährleisten, dass die Spielzeugabteilung auch wirklich wie in der Lokalzeitung beschrieben in ihren Einzelteilen die Rolltreppen hinunterrauschte.

Ich erinnere mich noch an das sehr ungläubige Gesicht meiner Mutter, mehrere Monate Taschengeldsperre und einen Teppich, der aufgrund riesiger gestockter Wasserflecken umgehend seinen Platz auf dem Sperrmüll fand.

Heute mache ich mich als Vater verdächtig, meinem Sohn alle Entwicklungschancen zu nehmen, indem ich dafür sorge, dass er keine Langeweile hat und ihn stattdessen dazu ermuntere, sich mit etwas Konkretem zu beschäftigen, sei es Fußballtraining, die Kinderkonzertreihe oder der Musikgarten. Dabei ist die Antwort auf die Frage, wie sich Kinder beschäftigen wollen, eine ganz individuelle. Es gibt Kinder, die sitzen stundenlang in ihrem Zimmer und beschäftigen sich, ohne dass der Notarzt oder die Feuerwehr eingeschaltet werden muss. Genauso gibt es jedoch auch Kinder, die wirklich nichts mit sich anzufangen wissen und unter Langeweile extrem leiden.

Eine Freundin beklagt ihre Kindheit als unerträglich langweilig, weil ihr genau diese Angebote fehlten, die ich meinem Sohn heute ermögliche. Neidisch schielt sie auf heutige Kinder, die ein regelmäßiges Kulturprogramm in ihrem Wochenplan haben – und dafür medial wie erziehungswissenschaftlich bedauert werden. Auch unser Sohn hat nachmittags mehr organisiertes Programm, als ich das in seinem Alter genossen habe. Zweimal pro Woche spielt er Fußball, und die Trainingszeit ist mit je fast zwei Stunden recht knackig bemessen. Dazu kommen Turniere am Wochenende. Wir achten darauf, dass er Spaß hat und dass er sich nicht gezwungen fühlt, und manchmal, meist an einem Sonntag um 8.30 Uhr irgendwo auf einem gottverdammten Fußballplatz, kommt mir schon der Gedanke, dass es auch nicht schlimm wäre, wenn er plötzlich entdeckte, dass Fußball nicht so sein Ding ist. Und wenn mir auf besagtem Fußballplatz dann auch noch der Landregen senkrecht ins Gesicht peitscht, würde ich ihn sofort abmelden, wenn er mir eröffnete, dass er lieber zum Ballettunterricht gehen wolle. Hauptsache drinnen.

Solange sich mein Sohn jedoch freudestrahlend seine Fußballschuhe zubindet, sind wir voll mit dabei. Die älteren Mitglieder in unserem Sportverein erzählen uns übrigens oft, wie bemerkenswert sie es finden, dass Eltern heute so bedingungslos am Spielfeldrand ihrer Kleinen stehen, während sie selbst ihre Eltern nicht einmal bei den wichtigsten Wettkämpfen im Publikum erblickten. Ich weiß dann nie, ob ich mich freuen soll. Oder weinen. Wenn ich allerdings sehe, wie mein Sohn mir zuwinkt, wenn er gerade ein Tor geschossen hat, wenn er mich verschwitzt nach dem Spiel fragt, was ich gut und was ich besonders gut fand, dann weiß ich, dass ich mit meiner Anwesenheit das Richtige tue.

Es geht gar nicht darum, dass wir unsere Kinder mit Programm vollstopfen und ständig bei ihnen sind, ausschlaggebend ist, ob wir sie nerven und zwingen und antreiben oder ob ihnen das Nachmittagsprogramm Freude macht. Wenn nicht, findet man eben was anderes. Hier zeigt sich wieder die Schizophrenie der Elternratgeber und Empfehlungen der vielen, medienzugeneigten Erziehungsexperten, die es als unerlässlich empfinden, dass Kinder ein Instrument erlernen, die erzählen, dass Kindergehirne Sprachen quasi im Schlaf erlernen, die eine Mannschaftssportart in der Freizeit zwingend empfehlen, die warnen, dass immer weniger Kinder schwimmen können, aber gleichzeitig vergessen, dass die Woche lediglich sieben Tage hat oder dass sie an anderer Stelle (Talkshow, Zeitungskolumne, Blogs) auch schon mal geäußert haben, wie schädlich es sei, dass Kinder eine durchgeplante Freizeit haben, und dafür plädieren, Kinder nicht gleichberechtigt in den Familienalltag einzubinden, weil das

Äußern eigener Bedürfnisse sie in diesem Alter überfordert. Was denn nun?

Und um noch einmal auf den Begriff des Schonraumes zurückzukommen: Unser Schonraum ist unser Familienalltag, an dem unser Sohn nachweislich aus freien Stücken sehr gern teilnimmt, wo er in die Planungen miteingebunden ist und wo wir auch nicht das Gefühl haben, ihn, wie Salman Ansari mit Verweis auf seine eigene unbeschwerte Kindheit warnt, mit Wissen zu überfordern, das Kinder noch nicht einordnen können, wie etwa die Nachrichtenlage oder das Weltgeschehen (das bekommt er von ganz allein mit, ob wir wollen oder nicht. Wir merken das spätestens in solchen Momenten wie neulich, als er sich furchtbar darüber aufregte, dass wir ihm irgendwas verboten hatten. Er kam ins Wohnzimmer, zog die Stirn in Falten und schimpfte: »Ihr seid gemeiner als Donald Trump!«)

Wieso einigen wir uns nicht auf die einfache Wahrheit »Die Dosierung macht's«? So wie ein dauergestresster Arbeitnehmer irgendwann mit Burn-out zusammenbricht, wird auch ein Kind durchdrehen, wenn es tage- und wochenlang dauerbeschallt wird und sich zwölf Stunden am Tag in Gesellschaft von 15 bis dreißig anderen Kindern aufhält. In so einem Fall kann ein bisschen Langeweile hin und wieder durchaus nicht schaden (muss ja nicht unbeaufsichtigt geschehen). Wenn sich jedoch 24/7 niemand darum schert, was der Nachwuchs treibt, oder man erwartet, dass er aus einem Säckchen Bauklötze irgendwann Paris nachbaut, darf man sich andersherum nicht wundern, wenn's nach hinten losgeht und in Hospitalismus endet.

Langeweile bei Kindern schadet der Allgemeinheit. Sinnvolle Beschäftigungsangebote und elterliche Gesellschaft fördern und stärken das Kind. Das heißt nicht, dass man nicht auch mal eine Pause machen darf.

9. »Das muss er doch gar nicht wissen«

Oder: Über das Problem, Kindern gegenüber ehrlich zu sein

In einer Episode der wunderbaren US-Comicreihe *Gregs Tagebuch* erzählt der Protagonist, wie traurig er als Kind wurde, sobald er den Eiswagen laut bimmelnd in die Straße einbiegen hörte. Seine Eltern hatten ihm nämlich erzählt, dass Eiswagenverkäufer die Glocke immer nur dann läuten lassen, wenn sie gerade das allerletzte Eis verkauft haben. So blieb Greg als Kind einer der größten Genüsse verwehrt, die eine Straßenkindheit im Sommer überhaupt vorrätig hat: Versorgt mit ein paar Münzen, die in der fest verschlossenen Faust langsam wärmer werden, in einer Schlange vor dem Bus zu stehen, vor und hinter einem die Spielkameraden, mit denen man schon über die ideale Kugelkombi im Waffelhörnchen fachsimpelt, bis einen der original italienische Eisverkäufer (unserer hieß Prägo, jedenfalls stellte er sich immer so vor) nicht übermäßig freundlich bediente.

Obwohl ich im Gegensatz zu den anderen Kindern immer nur EINE Kugel Eis haben durfte, war ich immerhin besser dran als der arme Greg. Und wenn wir nach erfolgtem

Münzen-gegen-Eis-Tauschen auf der Treppe vor dem Haus saßen, ich mit einer Kugel Eis, die anderen mit zwei, Dierk Knüllenstedt mit einer Wundertüte für zwei Mark (extra große Waffel, drei Kugeln, Schlagsahne, Erdbeersoße und bunte Streusel), dann konnte ich mich glücklich schätzen dazuzugehören. Ich aß das Eis so langsam, dass ich ungefähr gleichzeitig mit den anderen den Verzehr abschloss, der immer wieder von Waffel-drehen-um-Laufnasen-zu-Beseitigen und Durchfeuchtungsgrad-der-Tüte-Prüfen unterbrochen wurde.

Ich erzähle das deshalb so ausführlich, weil es für Kinder von besonders dramatischer Wichtigkeit ist, bei der Versorgung mit Eiscreme nicht außerhalb der Gruppe zu stehen, sondern möglichst lange sein Statussymbol zur Schau stellen zu können. Wenn es schon für viele Erwachsene traumatisch ist, nur einen Kleinwagen zu besitzen, während die Nachbarn einen SUV vor der Tür stehen haben, dann ist das eiscremelose Kind in Gegenwart von Kindern mit Eistüten ein glasklarer Fall für UNICEF.

Uwe Stengelmaier, natürlich, war oft so ein Fall. Meistens, wenn er sich wieder etwas hatte zu Schulden kommen lassen (Wohnzimmer ohne Anmeldung betreten, Batterien falsch rum in die Taschenlampe gesteckt, generell: dazwischengequatscht).

»Uwe, bist du wieder eisch?«, zischte seine Mutter jedes Mal scharf, und wenn der Eismann nach so einer Schelte in die Straße einbog, bemühte sich Uwe, den anderen zu versichern, dass er Eiscreme ja eigentlich gar nicht mochte.

Meine Mutter verbot uns nie eine Tüte Eis. Allerdings hatte sie sich eine erstaunlich wirksame Kommunikationsstrategie überlegt, die dazu führte, dass mein Bruder und ich wesentlich weniger häufig Eis aßen als die Nachbarskinder. Wenn wir zum Beispiel gerade auf dem Spielplatz saßen und das Bimmeln von Prägo vernahmen, dann sagte sie betont tonlos: »Ah, da kommt ja das Auspuff-Eis.« Und während die anderen Kinder nach Kleingeld kramten, fragte meine Mutter uns, ob wir nicht auch diese furchtbaren Abgase riechen würden, die ja alle direkt ins Eis wanderten und sehr giftig seien. Ein paar Mal funktionierte es und mein Bruder und ich lehnten das Eis ab. Nun ist es Allgemeingut, dass einem gesunden Kind der freiwillige Verzicht auf ein Waffeleis genetisch eigentlich unmöglich ist, und tatsächlich roch es auch gar nicht so unangenehm, wenn Prägo den Wagen zum Stehen brachte. Genau genommen roch man gar nichts. Irgendwann dachten wir, wenn man keinen Auspuff riecht, kann ja auch nichts giftig sein, und forderten unsere Kugel wieder ein.

Als meine Mutter erkannte, dass ihre Schadstoff-Strategie bei uns nicht nachhaltig verfing, justierte sie nach und zwar mit einer Wirkung, die weit über meinen Bruder und mich hinausging und zu einer großen Gefahr für Prägos Geschäftsgrundlage in unserer Siedlung werden sollte. Auf selbigem Spielplatz nämlich warf meine Mutter in dem Moment, als wieder einmal das nachmittägliche Bimmeln begann, eine Frage in den Raum, die auch die anderen Mütter zu interessieren schien – und sie plötzlich deutlich zögernder zum Portemonnaie greifen ließ. Meine Mutter stellte nämlich die rhetorische Frage, ob der Eismann in seinem Bus eigentlich über eine Toilette und ein Waschbecken verfüge. Um nach einer kurzen Kunstpause selbst mit einem »wohl eher nicht« zu antworten und zu einem bedenkenswerten

Schluss zu kommen: »Ohne Toilette muss er ja draußen pieschern gehen. Und dann kann er sich danach ja gar nicht die Hände waschen.«

Was Ekel angeht, legen Kinder ja oft ein recht schizophrenes Verhalten an den Tag. Der Anblick von Spinat und Rosenkohl auf dem Teller löst spontane Übelkeit aus, während ein in die Sandkiste gefallener Bonbon ohne Skrupel zurück in den Mund gesteckt wird. Der bildliche Zusammenhang aber zwischen dem, was in eine Waffeltüte und was in ein Toilettenbecken gehört, führt auch bei Kindern zum abrupten Attraktivitätsverlust einer Kugel Eis. Meine Mutter machte uns den Abschied einer Eistüte aus Prägos Händen noch leichter, in dem sie wie zufällig darauf verwies, dass sie ja zu Hause noch »Apfeleis« bereithielt, bei dem es sich um Apfelsaft handelte, den sie in eine Eiswürfelform gefüllt und mit Holzstielen versehen ins Eisfach gestellt hatte. Am Ende sah das Eis nicht ganz so formschön aus wie in der Tüte, es war eher ein kleiner brauner Klotz am Stiel, und wenn man mit den Lippen einmal daran zog, war der gesamte Fruchtsaft verschwunden und man leckte letztlich an einem klaren Eiswürfel. Aber zumindest waren Prägos Hände weit weg.

Eines Nachmittags, draußen bimmelte es gerade, klingelte es an der Tür, und als meine Mutter öffnete, standen vier Nachbarskinder davor und flehten um ein Apfeleis.

Meine Mutter hatte das Kunststück vollbracht, dass wir genau ihren Willen erfüllten, ohne es zu merken, uns zurückgesetzt oder gegängelt zu fühlen, und überdies gelang ihr das, ohne uns zu belügen. Lügen (ähnlich wie das Verschweigen von Tatsachen) waren nämlich früher ein sehr gängiges Mittel in der Erziehung, um den Willen der Kinder genau dorthin zu lenken, wo er Eltern hinpasste. Ich erinnere mich an Grundschullehrerinnen, die generell auf unbequeme Fragen die Antwort gaben, dass Kinder das nicht zu interessieren habe, dass wir für dieses und jenes noch zu klein seien oder dass neugierige Kinder durch ihr Nachfragen nur eines erfahren würden: Wie weh es tut, einen hinter die Löffel zu kriegen.

Uwe Stengelmaier wusste nicht, warum sein Vater jeden Donnerstagabend mit einer großen schwarzen Tasche unter dem Arm das Haus verließ und nicht mehr zurückkam, bevor Uwe eingeschlafen war. Weder Mutter noch Vater erzählten es ihm, und wenn er wie so häufig danach fragte, erwiderte sein strenger Vater besonders streng: »Das geht Kinder nichts an.«

Warum durften Kinder nicht wissen, was Herrn Stengelmaier jeden Donnerstagabend mit einer großen schwarzen Tasche aus dem Haus trieb? Diese Frage beschäftigte nicht nur Uwe, und wenn wir Kinder darüber nachdachten, kamen wir zu keinen Antworten, die ihn hätten beruhigen können, eher im Gegenteil. Dierk mutmaßte, Herr Stengelmaier würde abends auf Diebestour gehen, was sonst sollte in der Tasche sein als Einbruchswerkzeug? Das klang überzeugend, und ich begegnete Herrn Stengelmaier von nun an noch zurückhaltender.

Ecki Hauser warf ein, dass man gar nicht genau wissen könne, was Eltern machen, während man selbst schlafe. Er verdächtigte seine Mutter sogar, eine Hexe zu sein, die laut lachend auf dem Besen davonflog, sobald sie ihn und seine Schwester ins Bett gebracht hatte. Auch Frau Hauser gegenüber verhielt ich mich nach dieser Schilderung anders als früher. Und dass Herr Stengelmaier an einem Freitag mit einer bandagierten Hand an der Kasse bei der Pro stand und der Kassiererin erzählte, er sei nach einem »Unfall« krankgeschrieben worden, war für mich der letzte Beweis, dass er tatsächlich einer illegalen Nebenbeschäftigung nachging.

Uwe jedenfalls drehte damals durch und wurde von seinen Eltern erst zur Besinnung gebracht, als sie ihm schließlich verrieten, dass sein Vater nicht regelmäßig auf Einbruchstour ging, sondern zum Kegelverein, und er sich die Verletzung zugezogen hatte, als er in der Rückgabestation zwischen zwei zusammenstoßende Kegelkugeln griff. Vielleicht fürchteten die strengen Stengelmaiers um die Autorität des Patriarchen, wenn der Sohn erfuhr, dass sich der Herr Papa auf recht alberne Weise abends die Zeit damit vertrieb, eine braune Kugel in Richtung von neun weißen Kegeln zu rollen. Denn so etwas kannten wir eigentlich nur von Kindergeburtstagen.

Eltern verstanden sich damals gern als unangreifbare Menschen, über die nicht gelacht werden durfte. Eines Morgens berichtete uns Uwe, dass er seinen Vater gerade dabei beobachtet habe, wie er im Pyjama auf sehr unvorteilhafte Weise die Treppe hinuntergesegelt sei und unten angekommen fast geheult habe. Als er seinen Sohn entdeckte, hatte er ihm eingebläut, dass dieser Fehltritt verdammt noch mal nicht passiert sei und wenn Uwe auch nur im Ansatz anfinge zu lachen, würde es eine Tracht Prügel setzen, die sich gewaschen habe. Zum Glück war Uwe in diesem Moment gar nicht zum Lachen zumute gewesen, und später auf dem Weg zur Schule fragte er uns, ob etwas, das passiert ist, nicht passiert ist, wenn der Vater befiehlt, dass es nicht passiert ist.

Wenn Eltern nicht aufrichtig gegenüber ihren Kindern sind, dann wachsen diese mit anderen Vorstellungen über die Eltern auf. Das funktioniert bis zu dem Moment, wo die Eltern ihr künstliches Selbstbild, unfehlbare Personen zu sein, einmal nicht aufrechterhalten (können). Wenn man so eng miteinander aufwächst wie die Mitglieder einer Familie, durchblicken Kinder sehr schnell, wenn die Authentizität fehlt. In diesem Punkt werden sie von ihren Eltern wahnsinnig oft unterschätzt. Und das führt in Konsequenz zu einem großen Vertrauensverlust.

Kindern nicht die Wahrheit zu sagen, ihnen etwas vorzumachen oder ihnen bewusst unwahre Dinge zu erzählen, um sie gefügig zu machen, war ein gängiges Mittel der Erziehung noch weit bis in die Achtzigerjahre hinein. Genau wie die Annahme, dass Kindern eine eigene Meinung nicht zustehe. Der Sinnspruch »Kinder mit 'nem Willen kriegen was auf die Brillen« transportierte das grundlegende Verständnis vieler Eltern bei der Kommunikation mit ihren Kindern: Kinder haben nichts zu melden, und wenn sie es trotzdem tun, gibt es einen auf die Löffel.

Die Psychotherapeutin Alice Miller hat 1983 in ihrem Buch *Am Anfang war Erziehung* aufgezeigt, dass die Unfehlbarkeit der Erziehungsberechtigten bei gleichzeitig stets schuldhaftem, unvollkommenen Kind durchaus zum Selbstverständnis vieler Eltern gehörte, und zwar noch sehr lange, nachdem das Zeitalter der »Schwarzen Pädagogik« als beendet galt. Das Zugeben von Schuld, das Eingestehen von Fehlern dem Kind gegenüber galt als gefährlich, da es die eigene Autorität bedrohe.

Die Vorstellung, dass Kinder zu ihrem eigenen Schutz und zur Disziplinierung belogen werden müssten oder dass ihnen die Züchtigung als »nur zu ihrem Besten« verkauft wurde, habe ich nicht nur im Hause Stengelmeier erlebt. Dass ein Kind zur Strafe einen ganzen Tag lang nicht aus seinem Zimmer gelassen wurde, wie Dierk Knüllenstedt das öfter passierte, war nichts, was einen damals groß zur Empörung verleitete. Zumal Dierk eine VC2600 von Atari in ebendiesem Zimmer stehen hatte plus ein Regal voller Videospiele, was mir die Strafe als recht erträglich erscheinen ließ. Dass es für ihn vermutlich nicht so angenehm war, konnte ich damals nicht ermessen. Haus- oder Zimmerarrest ist eine demütigende Strafe, da kann das Regal noch so vollgestopft mit Spielzeug sein. Ein Kind zu belügen, ist prinzipiell ebenfalls eine Demütigung – zumal Dierks Eltern ihm weisgemacht hatten, er gehöre eingesperrt, damit er sich schon mal ans Gefängnis gewöhnen könne, in das er irgendwann wandern werde, wenn er sich nicht endlich bessere.

Wer heute auf den vielen Elternratgeberseiten im Netz surft, der stößt mit überwältigender Regelmäßigkeit auf Posts von Eltern, die daran verzweifeln, dass ihre Kinder wie gedruckt lügen würden, es immer schlimmer werde, dass sie komplett das Vertrauen in ihren Nachwuchs verlören. Die Antworten der Pädagogen, die zu solchen Fragen Stellung nehmen, klingen sehr ähnlich. Zum einen sei Lügen bei Kindern etwas ganz Normales – sie leben ihre Fantasie aus und übertreten dabei sehr lustvoll die Schwelle zwischen Realität und Fiktion. Für das Gehirn und die kognitive Entwicklung sei das Ausdenken von Geschichten ein wahrer Booster – problematisch wird es, wenn das Kind permanent in seiner Lügenwelt wandle. Was kann man da tun? Erst mal muss man verstehen, dass in sehr vielen Fällen Kinder, die ständig lügen, sich das abgeguckt haben – und zwar bei ihren Eltern. Sie haben gelernt, dass es sich um einen gängiges Werkzeug der Kommunikation handelt, das einem vieles einfacher macht. Kinder kommen schnell dahinter, wenn Eltern die Unwahrheit sagen. Zum Beispiel, wenn die angedrohte Konsequenz ausbleibt, wie bei »Wenn du noch Süßes vor dem Einschlafen isst, sind deine Zähne morgen voller Löcher«, und sie es dann gar nicht sind. Oder: »Wenn du weiter so schreist, dann lasse ich dich hier stehen!«

Beide Lügen sind nicht nur gemein, weil sie mit Angst operieren, sie zerstören auch das Vertrauen, das Kinder in ihre Eltern setzen. Es gibt viele Studien, die belegen, dass Kinder, die feststellen, dass man sie belogen hat, selbst damit beginnen, die Unwahrheit zu sagen.

Ich würde an dieser Stelle gern schreiben, dass ich mein Kind grundsätzlich nicht belüge, was allerdings eine Lüge wäre. Auch ich habe meinem Kind schon mit einer unwahren Behauptung Angst gemacht, das muss ich leider zugeben. Es war in einer jener Situationen, in denen man komplett überfordert das Heil in der vermeintlichen Ultima Ratio sucht, wohlwissend, dass es falsch ist, was man gerade tut. Trotzdem gibt es diese Situationen, wo der Verstand aussetzt, weil man nervlich nicht mehr in der Lage ist, klar zu denken und naheliegende Konsequenzen abzusehen.

Es war auf dem Gipfel der Trotzphase, ein Wochentag, das Kind schläft nicht ein. Will nicht, kann nicht. Man muss selbst früh raus, man muss funktionieren, man braucht den Schlaf. Das Kind steigt um Mitternacht noch mal aus dem Bett und steht im Flur. Es entsteht die typische Spirale der fehlgeleiteten Kommunikation, die immer in einem großen

Unfall endet. Man sieht es kommen, aber man kann nicht anders. Das Kind schreit. Es schreit lauter. Es brüllt und brüllt und brüllt. Mitternacht – die armen Nachbarn, die alle früh rausmüssen, man fühlt den Stress, man wird komplett irre, man kriegt seine Stimme nicht mehr auf einen beruhigenden, ausgleichenden Level, wie es vielleicht gerade jetzt am besten wäre. Das Kind brüllt noch lauter. Meine Frau hält es fest und versucht es trotzdem irgendwie mit betont sanfter Stimme. Das Kind brüllt noch lauter. Und dann, in einem Anfall von Ich-kann-nicht-Mehr, gehe ich raus ins Treppenhaus und drücke auf den Klingelknopf. Sofortige Stille im Kinderzimmer. Und ich entblöde mich auch noch, so zu tun, als würden sich gerade die Nachbarn über unseren Sohn beschweren.

Wenn ich an das fassungslose Gesicht meines Sohnes denke, wird mir noch jetzt ganz übel. Ich glaube, wenn wir es im Großen und Ganzen sonst nicht doch meist schaffen würden, unserem Sohn das Gefühl zu vermitteln, dass er sich bedingungslos auf uns verlassen kann, dann wäre in dieser Nacht mit den imaginären Nachbarn, die wütend an der Tür klingelten, ein nachhaltiger Schaden im Vertrauensverhältnis zwischen uns entstanden – egal, ob er in diesem Moment meine Lüge als solche entlarvte oder nicht. Nicht erwischt zu werden macht eine blöde Tat schließlich nicht besser. Und beim nächsten Mal erwischt er mich bestimmt.

Eine ähnliche Situation habe ich als Kind auch mit meiner Mutter erlebt; mein Bruder und ich hatten sie womit auch immer zur Weißglut getrieben, und da sie sich irgendwann so hilflos fühlte wie vermutlich alle Eltern hin und wieder, griff sie – die ausgebildete Pädagogin – zu einer

Drohung, die meinen Bruder und mich in tiefste Panik versetzte. Sie sagte: »Wenn ihr euch jetzt nicht endlich benehmt, dann hole ich Frau Rottenmeier!« Frau Rottenmeier war die strenge Gouvernante aus der Zeichentrickserie *Heidi*, vor der wir große Angst hatten. Es war für uns nicht komisch. Es war ein großer Schock. Wir weinten dann alle drei, meine Mutter nahm uns in den Arm und entschuldigte sich, und ich erkannte, dass es Momente gibt, in denen man die Eltern in einen Ausnahmezustand treibt, den man nicht kennenlernen wollte und in dem man selbst als Achtjähriger plötzlich nachvollziehen kann, warum die Eltern gelogen haben. Weil sie Menschen sind und Schwächen haben. Was im ersten Moment erschreckend ist, führt im zweiten zu einem unglaublich guten Gefühl. Wenn Mama Schwächen und Fehler hat und in der Lage ist, sich zu entschuldigen, dann kann und darf ich das auch. Wir können streiten und Dummheiten begehen, wie wir wollen – am Ende verzeihen wir uns, weil wir wissen, wie es dem anderen gehen kann.

Ich bin also grundsätzlich dafür, seinen Kindern die Wahrheit zu sagen und ehrlich zu ihnen zu sein. Das schafft Authentizität.

ABER, und damit schaffe ich mir als Richter jetzt selbst das Gesetz und Jesper Juul wird laut aufheulen, dennoch bin ich der Meinung, dass es (wenige) Lügen gibt, die in einem gewissen Rahmen ein vernünftiges Mittel für den Familienfrieden darstellen können. Diese harmlosere Form des Kinderbelügens hat in der Regel keine traumatisierenden Folgen, erspart Konflikte und wird oft angewandt, wenn die Energie für eine Grundsatzdebatte fehlt (nach der Arbeit, bei Kopfschmerzen oder anderen Unpässlichkeiten oder wenn sich Eltern körperlich fix und fertig fühlen – also eigentlich immer jenseits von drei Uhr nachmittags). Meistens geht es um Begründungen, warum Kinder ins Bett gehen sollen. Etwa: »Es ist schon halb elf.« (Lüge, es ist noch nicht mal acht.) Oder: »Die anderen Kinder schlafen alle längst.« (Dreiste Lüge, weil man das gar nicht wissen kann.)

Ich selbst hatte als Kind meine Wut auf den Papst und einen gewissen Herrn Schleier, weil oft, wenn ich mich abends vor dem Zubettgehen noch auf *Kimba, der weiße Löwe* freute, meine Mutter mit Grabesstimme verkündete, dass Herr Schleier, später dann der Papst, verstorben sei und es folglich nur Trauermusik im Fernsehen gebe. Besonders der Papst starb über Wochen.

Nun, die Woche meines Sohnes hat manchmal deutlich mehr als einen Sonntag, etwa wenn er unbedingt noch einmal zum Spielzeugladen möchte (»Leider ist heute Feiertag.« (Lüge!)). Und wenn er eine Scheibe Tofuwurst aufs Brot bekommt, vergessen wir manchmal, ihn darüber zu informieren, dass es sich nur dem Anschein nach um Fleisch handelt.

Wir sind nicht stolz darauf, aber es beeinträchtigt bestimmt nicht seine Entwicklung. Allerdings ist uns auch klar: Lügen ist heute genauso wenig in Ordnung wie früher, und wir stellen uns damit in eine unschöne Tradition der Erziehungsgeschichte.

Es gibt nur einen einzigen anders gelagerten Fall: die Notlüge. Sie ist in der Moralphilosophie ein durchaus zulässiges Mittel, wenn sie etwa hilft, größere seelische Schäden bei Menschen zu vermeiden. Und bei Kindern erst recht. Die Grenzen mögen fließend und manchmal schwer zu erkennen sein, aber in meinem Leben gibt es eine Episode, in der mich die Lüge meiner Eltern vor Schlimmerem bewahrte.

Bobby war der vielleicht beste Kumpel, den sich ein Achtjähriger überhaupt hätte vorstellen können. Bobby machte jeden Blödsinn mit, hatte immer Zeit, wenn ich fragte, ob er rauskommen wolle, und er sagte auch nie Dinge wie »Ein Kaufmannsladen ist voll was für Babys« (Dierk Knüllenstedt), »In meine Erbsenpistole passen viel mehr Erbsen« (Ecki Hauser) oder »Haha, Jan hat Kuscheltiere im Bett« (Dierk, Ecki). Genauso wenig wäre Bobby auf die Idee gekommen, mir nur die weißen Gummibärchen abzugeben (wie Marcus Zottenhamel das immer gemacht hat, aber nicht aus Großzügigkeit, sondern weil er die als einzige nicht mochte). Und Bobby hätte mich auch niemals zum Spielen abgeholt, um dann plötzlich mit Dierk zum Autobahnteich abzuhauen, weil gerade die Zeit war, in der Frösche im seichten Teichwasser sehr unappetitliche Dinge miteinander veranstalteten, was für Achtjährige umso faszinierender war.

Ich war ein eher zurückhaltendes Kind, aber in Bobbys Anwesenheit kam ich leichter aus mir heraus. Wir saßen oft stundenlang am Fenster und schauten auf die Wiese mit den Klettergerüsten vor unserem Haus. Ich erzählte ihm dann, dass ich von der obersten Stufe einen Salto in die Sandkiste gemacht hätte und er entgegnete nicht gleich: »Niiieeemals! Du spinnst! Das glaub ich dir nicht!« (Ecki, Marcus). Bobby nickte nur zustimmend, und ich spürte: Anerkennung. Es war schön für mich, einen Gesprächspartner zu haben, der einem nicht gleich ins Wort fiel und bei dem ich meiner Fantasie freien Lauf lassen konnte, ohne einen stichhaltigen Beweis für den Wahrheitsgehalt meiner Geschichte antreten zu müssen. Kinder sind ja generell sehr ungnädig, was solche Belange angeht. »Lüüüüüüügner« – ich hörte das oft, wenn ich meine Kumpels an meinen glorreichen Tagträumen teilhaben ließ und das gar nicht mal, weil ich angeben wollte, sondern um sie an der Freude über meine eigene Fantasie teilhaben zu lassen.

Dierk, Ecki, Marcus – sie alle missverstanden mein Bestreben und warfen mir also vor, ein Schwindler zu sein. Dabei war lügen aus meiner Sicht das Schlimmste, das ein Mensch machen konnte. Ich hatte eine sehr strenge Religionslehrerin, die ein großes dramaturgisches Talent besaß, uns Grundschülern die Schrecknisse der Bibel näherzubringen. Frau Hellmann war eine begnadete Illustratorin, und ich erinnere mich noch an das Arbeitsblatt mit den sieben ägyptischen Plagen, die sie mit flottem Strich wie in einem Comic aufs Papier gebracht hatte. Ein schauerliches Bild blieb mir dabei bis heute im Gedächtnis, es zeigte weinende und klagende Männer und Frauen an Betten, in denen kleinere Menschen lagen. »Tod der männlichen Erstgeburten« stand darunter, und ich war erschüttert ob der armen Erstgeburten, obwohl mir gar nicht klar war, um wen oder was es sich dabei eigentlich handelte. Auf Nachfrage antwortete Frau Hellmann milde lächelnd, dass damit jeweils der älteste Junge in einer Familie gemeint war, was eine mittlere Schockwelle bei mindestens der Hälfte der Schüler in der Klasse auslöste, mich als direkt Betroffenem eingeschlossen.

Auf diesem Erregungslevel kamen wir irgendwann auf die Zehn Gebote zu sprechen. Da gab es ein paar ganz eindeutige, man darf nicht töten und stehlen und so. Da waren aber auch einige, die man nicht sofort kapierte. Zum Beispiel

Nummer zwei: »Du sollst den Namen des Herrn, deines Herrn, nicht missbrauchen.« Frau Hellmann erklärte, man dürfe sich nicht über Gott lustig machen oder sich zum Beispiel selbst Gott nennen. Den Namen des Herrn im eigenen Namen zu tragen sei eine Gotteslästerung, eine große Sünde. Ich machte mir sofort Sorgen um die Helden der Samstagabendunterhaltung wie Gotthilf Fischer und Thomas Gottschalk, die so gesehen qua Geburt ein Direktticket in die Hölle gebucht hatten. War da noch was durch Umtaufe zu retten? Und war es Gotteslästerung, bei den Fischerchören mitzusingen und *Wetten dass ..?* zu gucken?

Und dann kam der Tag, als Frau Hellmann auf Gebot Nummer acht zu sprechen kam: »Du sollst nicht falsch Zeugnis reden wider deinen Nächsten.« Das brauchte sie nicht zu erklären, es konnte ja nur bedeuten, dass man die Noten in seinem Zeugnis nicht eigenhändig zu seinen Gunsten ändern durfte, bevor man es den Eltern zeigte, na klar ...

»Nein«, entgegnete Frau Hellmann jedoch, es sei ganz anders. »Im achten Gebot verkündet Gott, dass es eine große Sünde ist, andere Menschen zu belügen.«

Stille in der Klasse. Ich wurde unruhig. Niemand traute sich, eine Frage zu stellen, also hob ich die Hand. »Was passiert, wenn man gegen ein Gebot verstößt?«, fragte ich Frau Hellmann und schob leise nuschelnd hinterher: »Nummer acht, zum Beispiel ...«

Frau Hellmann sah mich gütig an. »Niemand wird sofort vom Blitz getroffen, wenn er gegen die Zehn Gebote verstößt.« Sie warf mir ein Lächeln zu. Puuuuuh, dachte ich, sank etwas in mich zusammen und sah erleichtert aus dem Fenster. Bis ich eine plötzliche Strenge in Frau Hellmanns

Tonfall bemerkte und dass sie noch gar nicht zu Ende gesprochen hatte. »Zunächst geschieht vielleicht erst einmal nichts«, hob sie an. »Aber mit jedem Verstoß entfernt der Mensch sich von Gott.« Wieder herrschte Totenstille in der Klasse.

Meine Güte, wie entfernt von Gott mochte ich wohl schon sein? Hatte ich den anderen nicht vorhin erst erzählt, ich hätte bereits mein Seepferdchen gemacht (Lüge!)? Und war ich es nicht gewesen, der in der Pause einen Schneeball in den Turnhallenschornstein geworfen und, als die Schulaufsicht fragte, so getan hatte, als sei er es nicht gewesen? Konnte man sich noch weiter von Gott entfernen?

Während Frau Hellmann in ihren Bibelstunden mit ihren sakralen Comics und einer Portion Angst für innere Unruhe sorgte, war es noch viel unangenehmer, wenn meine Mutter mich bei einer Unwahrheit erwischte. Sie sagte dann nämlich – betont traurig –, dass sie sehr enttäuscht sei von meinem Verhalten. Das saß noch mehr als die Lichtjahre, die mich geschätzt von Gott trennten. Regelmäßig brachte meine Mutter die sehr beunruhigende Geschichte vom ungezogenen Jungen ins Spiel, der mit seinen »Der-Wolf-ist-da!«-Rufen die Dorfbewohner so lange veralberte, bis sie ihm irgendwann nicht mehr zur Hilfe kamen. Dumm nur, dass der Wolf eines Tages tatsächlich hinter dem Jungen her war. Wer einmal lügt, dem glaubt man nicht, auch wenn er dann die Wahrheit spricht. Diese Poesiealbumweisheit war tief in meinem kleinen Kinderhirn verankert und der Begriff von den »alternativen Fakten« noch nicht erfunden. In meiner Vorstellung wurden alle Lügner früher oder später vom Wolf geschnappt.

Um wieder zu meinem damals besten Freund Bobby zurückzukehren: Von ihm hätte ich damals gern gewusst, wie er zum Thema Lügen stand, aber er war ja, wie gesagt, leider so wortkarg. Dafür aber machte er alles mit, worauf ich gerade Lust hatte. Er überließ mir sogar die Rolle des Bestimmers, wenn wir uns ein Spiel ausdachten. Eine Möglichkeit, die mir nur selten zuteil wurde, vor allem, wenn Dierk, Ecki und Marcus in der Nähe waren. Bobby aß die sauren Birnenstücke vom Obstteller, den meine Mutter immer ins Zimmer stellte, wenn Besuch da war, und murrte auch nicht, wenn ich ihm die Karottenstifte hinterherschob, die auf dem Teller meistens unter den Äpfeln versteckt lagen. Und er ließ sich sogar in einem kleinen Playmobil-Zirkuswagen mehrmals im Kreis durchs Zimmer ziehen. Bobby gehörte zu denjenigen Freunden, denen man alles anvertrauen konnte, ohne dass er gleich losrannte, um es auszupetzen, so wie es Petra D. damals gemacht hatte, als sie in meiner Fahrradsatteltasche einen kleinen Teddybär mit einem glitzernden Herz auf der Brust gefunden hatte und ich sie daraufhin bat, es bitte, bitte, bitte nicht Bjarne K. zu erzählen, weil der sich sonst über mich lustig machen würde. Petra D. bekam leuchtende Augen und es mag nicht weiter überraschen, an wen sie sich unmittelbar wandte, nachdem ich um Diskretion gebeten hatte. Jedenfalls musste ich später der ganzen Schulklasse Rede und Antwort stehen, warum ich einen kleinen Teddy mit Glitzerherz in seiner Satteltasche versteckte. Kurz gesagt: Es war nicht gerade imagefördernd für mich. Bobby war damals der Einzige, der auch in diesen schweren Tagen immer auf meiner Seite war, beziehungsweise auf meinem Arm. Er verfügte, selbst nicht einmal fünf Jahre alt, über ein sagenhaftes Empathievermögen.

Umso schmerzlicher war dann für mich, was an einem heißen Augusttag geschah.

Es war ein Samstag, und meine Eltern hatten einen Ausflug zum Rathausmarkt geplant, wo ein großes Gauklerfest stattfand. Bobby und ich saßen wie fast jeden Morgen am Fenster und schauten auf die Wiese. Er war ein bisschen enttäuscht, weil ich entschieden hatte, ihn nicht mitzunehmen. So ein Straßenfest mit vielen Menschen kann gefährlich sein, erzählte ich ihm, besonders wenn man ein Meerschweinchen ist. Nach einigem Hin und Her war Bobby schließlich einsichtig (er besaß wirklich menschliche Größe), und ich beeilte mich zu versichern, ihm eine Kleinigkeit vom Fest mitzubringen. Ein Stück Maiskolben vielleicht oder einen neuen Leckstein.

Kurz bevor wir aufbrachen, hatte mein Vater die Idee, Bobby eine kleine Freude zu bereiten. Da in Hamburg die Sonne deutlich seltener vorbeikommt als, sagen wir mal, ein voll beladenes Containerschiff, stellte mein Vater den Käfig auf den Balkon. So konnte mein kleiner Kumpel wenigstens frische Luft schnuppern; ein Trost für das entgangene Straßenfest.

Man muss auch heute, 35 Jahre später, sagen, dass Bobby einiges verpasste. Vom Rathausturm war ein Stahlseil bis zum Alsteranleger gespannt, auf dem Artisten über den Dächern der Jahrmarktbuden tanzten, ein silberner Mann jonglierte mit brennenden Kegeln, ein Pirat spuckte – gibt's ja nicht! – Feuer. Während mein Bruder und ich mit Zuckerwatte beglückt im Budenzauber aufgingen, spürte mein Vater, dass ihm Schweißperlen von der Stirn liefen. Zum einen lag das an der zur Mittagszeit fast unerträglichen Hitze, zum anderen an der Tatsache, dass ihm gerade bewusst wurde, dass wir ja einen Südbalkon hatten, die Sonne also bereits einige Stunden Zeit zum ungehinderten Einwirken gehabt hatte. Als wir die Drachenboote bestaunten, beruhigte sich mein Vater damit, dass Meerschweinchen ja aus Südamerika stammen, also über einiges an Resilienz verfügen müssten, was gutes Wetter betraf. Am späten Nachmittag, mein Bruder und ich waren pappsatt und bettreif, traten wir den Heimweg an. Als im Autoradio die Meldung zu hören war, dass an diesem Tag mit über 35 Grad ein neuer Hitzerekord in Hamburg verzeichnet wurde, hielt mein Vater plötzlich den Wagen an und zeigte mit dem Finger auf einen Straßenkiosk. Dort durften wir uns dann jeder ein Netz voller Murmeln aussuchen. Man muss wissen, dass so etwas bei uns zu Hause eher selten vorkam. Ein Geschenk, ganz ohne besonderen Anlass? Erst viele Jahre später erkannte ich den Zusammenhang zwischen dieser einmaligen Geste und dem, was ich dann erlebte.

Zunächst jedoch währte die Freude; mein Vater stampfte mit der Hacke eine Kuhle in den Sand des Vorgartens und zog mit einem Stock lange Striche über den Boden, am Ende hatten wir eine perfekte Murmelbahn. Und während mein Bruder und ich freudetrunken Murmel um Murmel Richtung Loch warfen, nutzten meine Eltern den zeitlichen Vorsprung, um nachzuschauen, ob sich ihre Befürchtungen bewahrheitet hatten. Was immer in ihrer Fantasie geschehen war – das pralle Sonnenlicht hatte über die acht Stunden lange Einwirkzeit auf den Meerschweinchenkörper jedenfalls ganze Arbeit geleistet. Oder anders ausgedrückt: Wäre Bobby eine Tatortleiche gewesen, hätte Alberich kopfschüttelnd so etwas sagen müssen wie: »Aufgrund starker Hitzeeinwirkung von innen geplatzt.«

Wie sagt man einem Zehnjährigen, dass sein bester Freund leider in einen anderen Aggregatzustand gewechselt hat? Meine Eltern entschieden damals, am schonendsten sei es, eine sehr eigene Interpretation der Vorgänge darzulegen.

Ich weiß noch, wie ich lächelnd die Murmeln im Treppenhaus zählte, die ich meinem vier Jahre jüngeren Bruder abgeluchst hatte. Eine schwarzweiße Murmel hatte ein Muster wie Bobbys Fell. Der wird Augen machen, dachte ich und entschied, ihm die Murmel statt des Lecksteins zu schenken. Als sich die Wohnungstür öffnete, blickte ich in die ernsten Mienen meiner Eltern, die ich nicht sofort einordnen konnte. Sollten sie beobachtet haben, dass nicht jede Murmel regelkonform in meinen Besitz gewechselt war?

Doch es ging nicht um die Murmeln.

In meinem ganzen Leben werde ich diesen Moment nicht mehr vergessen. Meine Mutter nahm mich in den Arm und drückte mich fest an sich. Dann atmete sie durch und erzählte, was geschehen war.

»Heute sind alle Meerschweinchen gestorben.«

Ich verstand erst nicht, dann irgendwie doch, dann wieder nicht. Alle Meerschweinchen? Heute? Also auch Bobby?

»Diese Hitze«, sagte mein Vater. »Sie hat alle Meerschweinchen dahingerafft, wir haben gerade mit dem Tierarzt telefoniert. Die haben so etwas noch nicht erlebt.«

Stille.

Was dann geschah, weiß ich nicht mehr. Nur noch, dass ich mich irgendwann schluchzend am Küchentisch wiederfand; das Glas voll Apfelsaft, der Käfig leer.

Abends gingen meine Eltern ins Theater. Wenn ich bei solchen Gelegenheiten nicht schlafen konnte, durfte ich zu den Nachbarn rüber, einer Pastorenfamilie, die an diesem Abend praktischerweise gleich seelsorgerische Hilfe leisten konnte. Außerdem besaßen sie ein Spiel, bei dem man Murmeln ein Gerüst hinabkullern lassen musste. Es hieß Avalanche, und mit dem Spiel kam etwas Lebensfreude zurück. Nur die schwarzen und weißen Kugeln, die konnte ich nicht anfassen.

Es dauerte tatsächlich noch einige Jahre, bis mir irgendwann einleuchtete, dass die Sache mit den kollektiv verstorbenen Meerschweinchen an diesem heißen Augusttag so eigentlich nicht hat stimmen können, und musste für mich feststellen, dass die angebliche Unausweichlichkeit von Bobbys Schicksal mir damals geholfen hat, die Trauer zu verarbeiten.

Apropos Trauer: Während ich das hier schreibe, frage ich mich plötzlich, ob meine Eltern mein Kaninchen Muckel damals tatsächlich zu Hagenbecks Tierpark gegeben haben, wie sie es behaupteten, nachdem er immer größer und größer geworden war und schließlich nicht mehr in den Käfig passte. Wann immer ich nämlich als Kind bei Hagenbeck war und im Kleintiergehege nach Muckel schaute, konnte ich ihn nie entdecken.

Ein Kind vor den Härten des Lebens beschützen zu wollen, kann negative Folgen haben. Das ist so ein Vorwurf, der in der aktuellen Moderne-Eltern-sind-viel-zu-nett-zu-ihren-Kindern-Debatte oft geäußert wird. 75 Prozent der Deutschen glauben, dass wir auf dem Weg in eine Gesellschaft von Egoisten sind, weil wir unseren Kindern viel zu viel ersparen und sie damit nicht ausreichend auf das Leben vorbereiten. Zu diesem Ergebnis kam eine Umfrage von *familie&co* im Jahr 2015. Zur optimalen Vorbereitung auf die Härten des Lebens gehört es dem Vernehmen der Befragten nach, auch dann nicht auszuweichen, wenn es um die Vermittlung unbequemer Wahrheiten geht (»Oma ist tot.«). Gerade das, befürchten viele, mache ein Kind erst zu einem von Zukunftsängsten verfolgten Menschen.

Zum einen muss man da fragen: Woher nehmen die 75 Prozent der Deutschen ihre Expertise für ihr Urteil? Zumindest ich bin ja der lebende Beweis, dass es keine negativen seelischen Konsequenzen haben muss, nicht en detail über die Implosion meines damals besten Freundes informiert worden zu sein. Zum anderen: Was geht es andere eigentlich an, wie ich mein Kind über den Tod eines nahen Verwandten informiere?

Unser Sohn kommt in ein Alter, wo er nicht nur fragt, warum Willi und Biene Maja keine Mama und keinen Papa haben, sondern auch, wieso jemand mit einem Flugzeug in ein Hochhaus fliegt oder was die goldenen Steine sollen, die bei uns vor einigen Hauseingängen in den Boden eingelassen sind. Soll ich einem Sechsjährigen ungefiltert erzählen, welche Ziele islamistische Terroristen verfolgen oder was der Holocaust im Einzelnen mit Deutschland zu tun hat? Als wir neulich auf einer Straße ein totes Eichhörnchen fanden und mein Sohn fragte, ob es schlafe, antwortete ich: »Ja.« Und fühlte mich unwohl. Später erzählte ich ihm doch mehr und umriss eher oberflächlich das Konzept von Leben und Tod, das sich erst mal ausschließlich auf Eichhörnchen bezog. Er fand es interessant, aber ich merke auch, wie es ihn beschäftigt, wenn er jetzt immer mal wieder fragt, warum Eichhörnchen überhaupt sterben müssen. Und mir wurde wieder bewusst, dass nur Eltern selbst ihre Kinder so gut kennen, dass sie spüren, wann der richtige Zeitpunkt ist, ihnen zu erklären, was der Tod ist. Einige Kinder verarbeiten das vielleicht schon gut als Fünfjährige. Andere sind mit zehn noch nicht so weit, und auch das ist ganz normal so.

Nur weil 75 Prozent der Deutschen sagen, dass man das Kind über Omas Tod aufklären soll, muss man das noch lange nicht tun. Ich glaube, ein kleiner Mensch kann, mit der reinen Wahrheit konfrontiert, unter Umständen eine große Verunsicherung erleiden und Angst bekommen, der sich nicht so einfach begegnen lässt. Schließlich stellt der Tod das Gefühl des Beschütztwerdens durch die Eltern komplett infrage, das für Kinder so wichtig ist. Kein Kind schläft besser, wenn man ihm sagt: »Bevor Mama und Papa sterben, bist du so groß, dass du uns gar nicht mehr brauchst.« Das ist argumentative Hilflosigkeit. Man kann das bewusste Verschweigen von Fakten als Lüge bezeichnen, allerdings entscheide ich selbst, wann es richtig ist, meinem Sohn zu erklären, dass wir alle einmal sterben müssen. Nicht nur kleine Eichhörnchen.

In Sachen Lügen gibt es keine allumfassende Wahrheit.

10. »EIN Kind ist doch kein Kind«

Oder: Warum es gut ist, dass die Zahl der Einzelkinder heute steigt

Als Kind hatte ich das Gefühl, dass Einzelkinder etwas Besonderes waren, weil sie so selten vorkamen. Sie waren so selten, dass man fast erschrak, wenn man eines vor Augen geführt bekam; das war dann ein bisschen wie im Zoo. Ich erinnere mich an eine Unterrichtsstunde in der Grundschule, in der jedes Kind seine Familie malen sollte. Ich hasste solche Aufgaben, weil ich meine Klassenlehrerin verdächtigte, dadurch irgendetwas über unser Zuhause rausfinden zu wollen, was sie eigentlich nichts anging. Und nachdem meine Eltern damals beschlossen hatten, mich gegen ihren dringenden Rat statt aufs Gymnasium auf die Gesamtschule zu schicken, eine damals neue Schulform, deren pädagogisches Konzept meine Eltern gut fanden, hatte meine Klassenlehrerin mich auf dem Kieker. Ich malte also meine Familie bewusst verfälscht, damit sie mir nicht bei was auch immer auf die Schliche kommen konnte, und ließ meinen Bruder einfach weg.

Jeder Schüler musste nacheinander an die Tafel kommen, sein Bild hochhalten und seine Familienmitglieder vorstellen. Die Klasse bekam dann Gelegenheit, Fragen zu stellen. Solche zum Beispiel: »Uwe, warum bist du größer als deine Eltern?« (Weil Uwe Stengelmaier nicht gut zeichnen konnte und richtige Proportionen erst recht nicht.) »Micki, warum tragt ihr alle so dunkle Kleidung zu Hause?« (Weil Micki Broedersen seinen Pinsel nie im Wasserglas säuberte und alle Farbtöpfe in seinem Tuschkasten deshalb aussahen wie eine Mischung aus oliv, kaki und schwarz.) »Jan, warum bist du mit deinen Eltern ganz allein auf dem Bild?« Da lachte meine Lehrerin: »Hast du da nicht wen vergessen? Du bist doch gar kein Einzelkind.«

Und ich verstand in diesem Moment, dass ich großes Glück haben musste, kein Einzelkind zu sein, weil das irgendwie etwas Schlechtes war. Ich kann mich nicht erinnern, wie Olaf Prackmann und Susanne Schnepel damals reagiert haben. Ihnen wurde ja nichts anderes mitgeteilt, als dass ihre Existenz nicht gerade etwas Wünschenswertes sei. Olaf und Susanne waren nämlich die einzigen Einzelkinder in der Klasse.

Die Vorurteile Einzelkindern gegenüber haben sich bis heute gehalten. »Millionen Kinder in Deutschland haben weder Schwester noch Bruder«, lautet besorgt die Bildunterschrift eines Artikels, in dem die *Frankfurter Allgemeine Zeitung* im September 2015 darauf hinwies, dass die Zahl der Einzelkinder in Deutschland immer stärker steige.[61]

Im Jahr 2006 meldete der Themendienst des Klett-Verlages (ein Branchendienst, der sich an Journalisten wendet): »Immer weniger Kinder, die geboren werden, haben Geschwister. Und immer mehr werden auch keine bekommen. Der Trend zum Einzelkind verändert das Klima in den Schulklassen. Lehrer müssen sich etwas einfallen lassen, um die kleinen ›Prinzen‹ und ›Prinzessinnen‹ zu fesseln. Doch sie nehmen die Herausforderung an und stellen fest, dass es zwar anstrengend ist, aber auch Spaß macht, mit den kleinen Individualisten zu arbeiten.«[62] Der Artikel zählt im Folgenden eine Menge Vorurteile Einzelkindern gegenüber auf und gipfelt im Zitat des Erziehungswissenschaftlers Prof. Dr. Manfred Bönsch von der Universität Hannover: »Einzelkinder lassen sich zwar nicht über einen Kamm scheren, aber bei ihnen besteht die Gefahr, dass sie ›sozial unterernährt‹ sind.« Sie würden eher als Geschwisterkinder überbehütet und lernten dadurch früh, dass sich alles um sie drehe.

Die Zeitschrift *Eltern* kommt in einer Untersuchung zu einer wohlwollenderen Bewertung von Einzelkindern und spricht sie sogar von den gängigen Vorurteilen frei. In welchem seltsamen gesellschaftlichen Klima Einzelkinder in Deutschland auch heute noch aufwachsen, macht aber eben selbige Zeitschrift dann doch deutlich, wenn sie am Ende des Artikels für mehr Verständnis für das Schicksal von geschwisterlosen Kinder wirbt: »Manche Eltern hatten mit einem Kind noch das Gefühl, ein Paar mit Kind zu sein und erst nach der Geburt des zweiten eine richtige Familie. Andere Eltern fühlen sich mit ihrem Einzelkind als komplette Familie. Denn macht nicht auch ein einziges Kind aus einem Paar Eltern? Gibt es weniger Liebe, Zusammenhalt, Familiengefühl, wenn nur ein Kind da ist? Deshalb ein Plädoyer für mehr Toleranz: Jede Familie muss selbst entscheiden können, wann sie sich als richtige Familie fühlen darf.«[63]

Danke *Eltern*, möchte man sagen, du Vorkämpferblatt für das Sprengen Jahrtausende anhaltender gesellschaftlicher Konventionen, du Sammelorgan derer, die bereit sind, den

Andersdenkenden Gnade statt Ächtung zuteil werden zu lassen. Der *Eltern*-Text klingt hier so, als sei im 21. Jahrhundert die Gesellschaft endlich so weit für ein Toleranzedikt, das es Eltern eines Einzelkindes ermöglicht, sich gefahrlos als Familie bezeichnen zu dürfen. Und wo wir jetzt so großzügig sind, ist es auch Zeit, dass wir Eltern mit mehr als drei Kindern ebenfalls als Familie bezeichnen sollten und nicht wie üblich als asozial – ebenfalls ein typisches Vorurteil, das wohl genauso wenig aussterben wird wie das des unglücklichen Einzelkindes.

Wenn man danach sucht, findet man in der erziehungspädagogischen Literatur wahre Klischeesammlungen zu diesem Thema. Unterstellungen, denen ich ebenfalls anheimfiel, existieren zuhauf: Einzelkinder seien ichbezogen, sie bekämen zu viel Aufmerksamkeit, sie lernten nicht, zu teilen und würden später, weil sie genauso wenig gelernt haben, sich durchsetzen zu müssen, zu selbstsüchtigen Eigenbrötlern ohne soziale Kompetenz, die niemanden neben sich dulden. Es gibt noch weitere gesellschaftliche Vorurteile; sie richten sich genauso gegen die Eltern von Einzelkindern, die als bequemer, weniger kompetent und egoistischer bewertet werden – schließlich tun wir nicht genug, um den demografischen Wandel aufzuhalten und sind überdies nicht bereit, unseren Beruf und unsere Freizeit für ein weiteres Kind einzuschränken – jetzt, wo das erste endlich in die Kita geht. Ich selbst kenne den süffisanten Spruch »*Ein* Kind ist doch kein Kind«, wenn man sich im Bekanntenkreis oder auf dem Spielplatz einmal den Fauxpas geleistet hat, als Einzelkindvater über die angeblich empfundene Alltagserschöpfung zu lamentieren.

Woher kommen diese Vorbehalte, die man sogar selbst als Elternteil eines Einzelkindes kultiviert zu haben scheint?

Sie haben, und das ist wieder typisch, ihren Ursprung in einer Zeit, als Familien noch Großfamilien waren und Einzelkinder ein seltenes Phänomen. Anfang des 20. Jahrhunderts urteilte der amerikanische Psychologe Granville Stanley Hall, Einzelkinder seien aggressiv und zänkisch, weil ihnen von klein auf »maßlose Beachtung« zuteil werde;[64] ja, es sei eine »Krankheit in sich«, Einzelkind zu sein. Der Wiener Psychotherapeut Alfred Adler verglich sie (warum auch immer) gleich mit »Parasiten«[65].

In der ersten Hälfte des 20. Jahrhunderts stieg die Zahl der Einzelkinder langsam an, was unter anderem mit den beiden Weltkriegen zusammenhing, in denen so viele Brüder auf den Schlachtfeldern fielen. Die gesellschaftliche Ablehnung aber blieb. Noch in den Fünfzigerjahren gab es »wissenschaftliche« Studien, deren Verfasser unter Gefängnisinsassen und Homosexuellen (allein diese Kombination ist schon unerträglich) eine besonders große Häufung von Einzelkindern ermittelt haben wollen.[66] Tatsächlich waren Einzelkinder in dieser Zeit auch deshalb von Ausgrenzung betroffen, weil sie oft aus einer der damals seltenen Trennungsehen stammten oder, damals schlimmer noch, unehelich waren.[67] Es gibt Untersuchungen, die belegen, dass Einzelkinder aus diesem Grund tatsächlich einem höheren Risiko ausgesetzt waren, soziale Auffälligkeiten zu entwickeln – aber eben nicht, weil sie keine Geschwister hatten. Wer in einer sozialen Gruppe eine Ausnahme bildet, läuft in der Regel Gefahr, nicht bedingungslos akzeptiert zu werden, und bis weit in das 20. Jahrhundert hinein bildeten Einzelkinder in der deutschen Gesellschaft eine solche Ausnahme. Während Anfang des Jahrhunderts jede Frau im

Durchschnitt 4,1 Kinder auf die Welt brachte, waren es Mitte der Sechzigerjahre in Westdeutschland noch 2,5 Kinder,[68] was bedeutet, dass selbst Familien mit zwei Kindern statistisch gesehen damals unterdurchschnittlich groß waren.

Die nationalsozialistisch geprägte Ideologie der kinderreichen Familie als Idealfall entfaltete durch das Ende des Zweiten Weltkriegs noch immer ihre Wirkung, zumal die Familienplanung in der »Vorpillenzeit« stark vom Willen des Mannes abhing, während die Frau die Konsequenzen allein tragen musste, da Haushalt und Familie in den allermeisten Fällen ihr Verantwortungsbereich war. Nur so ist zu verstehen, warum die Erfindung der Anti-Baby-Pille heute als wichtiger Fortschritt der Emanzipationsbewegung gilt. Doch obwohl die neue Verhütungsmethode zu einem signifikanten Geburtenrückgang ab Ende der Sechzigerjahre beigetragen haben mag, bekamen die meisten zwischen 1943 und 1977 geborenen Mütter zwei Kinder.[69] Hier zeigt sich tatsächlich das Wunschmuster, das viele Familien planende Eltern bis heute haben: Zwei Kinder, im Idealfall Sohn und Tochter. Es wird ja auch von früh auf gelernt, wie eine »richtige« Familie auszusehen hat.

Die meisten Helden der Kindheit zum Beispiel sind keine Einzelkinder; bei Astrid Lindgren muss man sie mühsam suchen, selbst Ole aus Bullerbü bekommt im Laufe der Bücher ein Schwesterkind. Und wenn es Einzelkinder gibt (Pippi Langstrumpf, Polly oder Pelle), dann haben sie stets eine melancholische, fast tragische Seite, die oft mit der konkreten Thematisierung von Einsamkeit zusammenhängt. Bis heute sind die klassischen Vierer-Familien vielerorts das Ideal der Kinderbuchliteratur, man denke an *Meine Freundin Conni*, an *Jan und Julia*, *Leo Lausemaus* oder an die *Karlchen*-Bilderbücher.

Und wenn man auf die Blockbuster-Familienserien der Achtzigerjahre schaut, dann schien es Familien mit Einzelkindern überhaupt gar nicht zu geben; denken wir an *ALF* (Lynne, Brian, später kommt noch der kleine Eric dazu), die Schumanns aus *Ich heirate eine Familie* (Tanja, Markus und Tommy), *Die glückliche Familie* (Katja, Alex, Tami) oder *Die Wicherts von nebenan* (Rüdiger, Andi). Und selbst in der *Lindenstraße*, die seit Mitte der Achtzigerjahre in sämtliche gesellschaftliche Tabubereiche vordrang, waren Einzelkinder rar gesät; es gab nur Lisa, die später den Pfarrer mit der Bratpfanne erschlug, und Berta Nolte, die nicht nur Einzelkind, sondern auch als Erwachsene eine ungesund enge Beziehung zu ihrer Mutter pflegte, mit der sie zusammenlebte (was ja auch schon wieder ein bemerkenswerter dramaturgischer Zusammenhang ist).

Ich kann mich nur an Anton Bohnsack erinnern, eine der Hauptfiguren aus der Kinderbuchreihe *Der kleine Vampir* und weit und breit das einzige Einzelkind, und ich weiß noch, dass er mir immer ein bisschen leid tat, weil er Samstagabend allein blieb, wenn seine Eltern ausgingen, und was es für ein Glück für ihn (und dadurch auch für mich) war, in Rüdiger, dem kleinen Vampir, endlich einen Freund gefunden zu haben. Ähnlich verhielt es sich mit Luzie aus der vierzig Jahre alten Serie *Luzie, der Schrecken der Straße*, ein kleines Mädchen ohne Geschwister, das oft einsam ist und schließlich durch die Knetfiguren Friedrich und Friedrich die notwendigen sozialen Kontakte bekommt.

Diffuses Mitleid – ich glaube, das ist auch mein Denkfehler, wenn ich manchmal das Gefühl habe, dass es nicht gut ist, nur ein Kind zu haben. Weil man selbst noch so geprägt ist, dass eine Familie mit einem Kind irgendwie unvollständig ist? »Ich habe mir früher oft Geschwister gewünscht«, erzählen mir Freunde, die als Einzelkinder aufgewachsen sind, und man vergisst dann schnell, dass Geschwisterkinder mitunter genauso darunter leiden, nicht allein zu sein. Wer Geschwister hat, kennt das Gefühl, sich ungerecht behandelt zu fühlen, nicht genug Aufmerksamkeit zu bekommen, nicht so geliebt zu werden wie der Bruder oder die Schwester. Und ich weiß von vielen Eltern, dass es gar nicht möglich ist, jedem seiner Kinder einen exakt gleichen Anteil an Zuneigung zu geben oder die Kinder immer gerecht zu beurteilen. Manche vereinzelte Eltern haben mir sogar gestanden, dass sie im tiefsten Inneren spüren, nicht jedes ihrer Kinder gleich lieb zu haben, so sehr sie sich auch bemühen und dieses Gefühl eigentlich von sich weisen wollen. Das ist zutiefst menschlich und nachvollziehbar, wird eigenartigerweise gesellschaftlich jedoch nicht so problematisiert wie die Existenz des Einzelkindes. Vielleicht sind Geschwisterkinder ja viel streitsüchtiger. Neidischer. Bequemer. Aufmüpfiger.

Was ist zum Beispiel mit den sogenannten »Sandwich-Kindern«, den »in der Mitte« von Dreien Geborenen? Niemand wirft Eltern mit drei Kindern suboptimale Familienplanung vor, obwohl es genauso Studien zum Sandwich- wie zum Einzelkind gibt. Sandwichkinder können keine paar Jahre allein mit den Eltern genießen, so wie ihr großes Geschwister, und die Zeit, in der sie das kleine süße Geschwisterchen sind, ist um, sobald Nummer drei ihnen den Rang abläuft. Dann sind sie weder der/die Große, noch der/die Süße, dürfen nicht, was der Älteste darf, werden jedoch auch nicht mehr so nachsichtig behandelt wie das Jüngste.

Und wenn's nur zwei Kinder sind? Tja, auch da fallen mir Schattenseiten ein. Das ältere Kind muss damit leben, vom zweiten quasi verdrängt zu werden, später wird es zu hören kriegen, dass es der Kleine doch gar nicht so gemeint hat, wenn er die Lego-Bauten des Großen auseinandernimmt, denn »schau, dein Schwesterchen ist noch zu klein, die versteht das doch noch gar nicht«. Nein, tut sie nicht, aber der Große ist trotzdem traurig und wütend, wenn die ganze Arbeit der letzten halbe Stunde mit einem einzigen Grabscher zerstört ist. Da kann Rücksichtnahme schon mal eine harte Herausforderung werden. Als älteres Kind muss man stets vernünftiger, einsichtiger, rücksichtsvoller sein – aus eigener Erfahrung kann ich sagen: Da wünscht man sich doch manchmal, ein Einzelkind zu sein.

Und die Jüngsten? Tja, die dürfen nie irgendwo mitmachen, weil sie »noch zu klein sind« für dieses und jenes. Sie bleiben zu Hause, wenn die Große zum Kindergeburtstag eingeladen ist, und müssen mit einer ordentlichen Portion Neid zurechtkommen, wenn diese mit der wundervollen Überraschungstüte zurückkehrt und allenfalls ein kleines Gummibärchen abgeben muss, weil »das gehört deiner Schwester. Aber wenn du erst mal selbst zu Geburtstagen eingeladen wirst, dann bekommst du auch so was«.

Warten und zurückstecken – das sind Gefühle, die bei Geschwistern ziemlich häufig vorkommen, und ich will hier gar nicht anfangen von den Vergleichen, die man zwangsläufig irgendwann zu hören kriegt in Form von: »Also, dein Bruder hat aber nie ...«, »Wieso kannst du nicht ... so wie deine Schwester« etc. pp.

Und obwohl man noch so einiges über das Leben mit Geschwistern schreiben könnte, ist es umso erstaunlicher, dass trotzdem das Einzelkind als der Problemfall unter den Familienkonstellationen gilt.

Für beide Modelle – ein Kind oder mehr als ein Kind – gibt es Vor- und Nachteile. Warum diskutieren wir also überhaupt darüber und einigen uns nicht darauf, dass es genau richtig ist, wie es ist, und dass die Antwort auf die Frage, ob ein Kind eine schöne Kindheit erlebt, nicht damit zusammenhängt, ob oder wie viele Geschwister es hat?

Wer sagt denn überhaupt, dass sich jedes Kind Geschwister wünscht? Einer meiner besten Freunde gestand mir einmal, dass er früher große Panik hatte, dass noch ein Schwesterchen oder Brüderchen dazukommen könnte. Ingmar Bergmann fasste die Gründe für diese Angst, als seine Schwester geboren wurde, wie folgt zusammen: »Eine fette, missgestaltete Person spielt plötzlich die Hauptrolle. Ich werde aus dem Bett meiner Mutter vertrieben, mein Vater strahlt angesichts des brüllenden Bündels.« Und Erich Kästner erzählt in der Kurzgeschichte *Ein Kind hat Kummer*, dass er sich einmal im Jahr nach Geschwistern sehnte – und zwar am Heiligen Abend: »Am Ersten Feiertag hätten sie ja gut und gerne wieder fortfliegen können, meinetwegen erst nach dem Gänsebraten mit den rohen Klößen, dem Rotkraut und dem Selleriesalat. Ich hätte sogar auf meine eigene Portion verzichtet und stattdessen Gänseklein gegessen, wenn ich nur am 24. Dezember abends nicht allein gewesen wäre!« Allerdings nicht aus Einsamkeit, sondern weil an diesem Abend seine Eltern mit ihren Geschenken um seine Aufmerksamkeit buhlten, und er viel Energie darauf aufwenden musste, genau

Maß zu halten mit der Freude, die er beiden entgegenbrachte, damit sich keiner von beiden benachteiligt fühlte.

Im Jahr 2012 machte eine große europäische Ernährungsstudie kurzfristig Schlagzeilen, die zu dem Ergebnis gekommen war, dass Einzelkinder sich ungesünder ernährten, sehr oft dicker seien, öfter einen Fernseher im Zimmer stehen hätten und weniger häufig draußen spielten als Geschwisterkinder.[70] Die Gründe dafür hatten die Verfasser laut eigener Aussage zwar noch nicht ermittelt, aber das Thema war bereits in den Medien. Zwei Jahre später wies eine Nachfolgeuntersuchung nach, dass die sozioökonomische Stellung der Eltern ausschlaggebend ist für den gesundheitlichen Zustand des Nachwuchses, und nicht ein möglicher Wesenszug von Einzelkindern.[71] »Ob wir mit oder ohne Geschwister aufwachsen, bedingt nur in sehr geringem Ausmaß die Ausbildung spezieller Persönlichkeitsmerkmale«, erklärte der Psychologe Hartmut Kasten 2011 in einem Artikel von *ZEIT Wissen*. So spiele etwa die Qualität der Eltern-Kind-Beziehung eine viel größere Rolle.

Es ist, ich muss das an dieser Stelle betonen, völlig in Ordnung, sich bewusst nur für ein Kind zu entscheiden. Ich kenne viele Eltern, die das so beschlossen haben, und sie alle haben wunderbare Familien, in denen vor allem die Kinder keinen spürbaren Mangel zeigen. Manche begründen ihre Entscheidung damit, dass sie noch genug Zeit für sich selbst behalten wollen, andere betrachten es als Vernunftentscheidung, weil Kinder zum Beispiel eine Menge Geld kosten. Bei anderen ging die Beziehung zu Bruch und damit eben auch die weitere Familienplanung. Und manche machen sich gar keinen Kopf, weil sie generell nicht planen wollen und sich sagen: Wenn noch ein Kind dazukommt, ist das gut. Wenn kein Kind mehr dazukommt, ist das auch gut. Es geht ja auch niemanden etwas an, außer die Eltern und ihre Kinder selbst. Das wird allerdings oft vergessen.

Die Diskussion darüber ist nämlich bis heute genauso übergriffig, verletzend und anklagend wie jene über die Helikopter-Eltern. Wenn der eingangs zitierte Presseartikel einen Erziehungswissenschaftler zu Wort kommen lässt, der von einer Herausforderung für Lehrer angesichts vieler Einzelkinder in den Klassen spricht, wenn eine Verwandte uns fragt, ob das alles sei – man wolle es doch dem Kleinen hoffentlich nicht antun, allein zu bleiben –, wenn auch seriöse Doku-Sender über Erziehungscamps in China berichten, wo Massen angeblich verwöhnter Einzelkinder zur Eigenständigkeit geführt werden müssen, weil sie durch die frühere Ein-Kind-Politik ohne Geschwister aufwachsen mussten, dann zeigt das nur, wie prinzipiell unerwünscht Einzelkinder noch immer sind.

An dieser Stelle gebe ich unumwunden zu: Ich habe mich auch schon dabei erwischt, im Stillen »typisch Einzelkind« zu denken, wenn ein Einzelkind mal so richtig ausflippte. Dabei vergaß ich, dass auch jedes Geschwisterkind hin und wieder komplett ausrastet – nur werden Einzelkinder anders bewertet, allein aufgrund der Tatsache, dass sie keine Geschwister haben. Erst neulich steckte ich in dieser Denkfalle und legte an das Verhalten meines Sohnes andere Maßstäbe an als an das anderer Kinder. Wir waren auf dem Spielplatz und er weigerte sich, die Jacke seines Freundes anzuziehen, wozu ich ihn aufforderte, weil seine in einer Pfütze gelandet war. Als ich mich für das angebliche »Einzelkind«-Gehabe meines Sohnes entschuldigte, winkte die Mutter des Freundes ab – das sei völlig normal, ihre beiden Kinder würden auch jedes Mal einen Aufstand machen, wenn sie ausnahmsweise mal fremde Klamotten anziehen sollten. Ich schämte mich.

Trotzdem hat die Sehnsucht nach weiteren Kindern, die meine Frau und ich verspüren, rein gar nichts mit einer generellen Ablehnung von oder Vorurteilen über Einzelkinder zu tun. Zum einen speist sie sich aus der Erfahrung, die wir selbst als Kinder machten, die mit Geschwistern aufwuchsen (auch wenn man diesbezüglich eine Menge verklärt), zum anderen aus dem etwas schnöde klingenden Ansporn, mehr vom Gleichen zu haben, wie das vielen Menschen innewohnt. Die einen haben zwei Autos, drei Hunde, vier Fernseher – wir hätten gern mindestens zwei Kinder. Vielleicht, ich will das gar nicht ausschließen, sind wir unbewusst tatsächlich sogar Opfer des Idealbildes der glücklichen Familie, die zwangsläufig zwei Kinder vorsieht – die Rama-Familie lässt grüßen.

Wir verspüren manchmal schon einen Stich in der Magengegend, wenn wir unseren Sohn allein am Strand buddeln sehen, wenn wir uns vorstellen, dass auf der Rückbank im Auto auch zwei Kindersitze Platz hätten, oder wenn unser Sohn in Konfliktsituationen sagt, dass es unfair ist, wenn wir beide mit ihm schimpfen, weil wir ja zu zweit seien und er ganz allein. Es trifft uns, obwohl er in diesem Moment mit den Ausdruck »ganz allein« gar nicht auf sein Schicksal als Einzelkind anspielt, sondern lediglich den nüchternen Umstand anklagt, dass es in der Sachfrage zwei zu eins steht – bei aus seiner Sicht ungleichem Kräfteverhältnis. Und trotzdem trifft es uns. Weil wir es anders geplant hatten.

Wenn sich der Traum einer größeren Familie nicht erfüllen will, kann das die unterschiedlichsten Gründe haben. Bei uns war es ein Autounfall kurz vor der Geburt unseres Sohnes, zu dem man konstatieren kann, dass wie durch ein Wunder sämtliche Voraussetzungen erfüllt wurden, die nötig waren, um ihn zu überleben. Wir waren auf der Autobahn unterwegs, auf der Rückfahrt nach Berlin, als uns ein Auto von hinten rammte und von der Fahrbahn schoss. Es geschah an einer Stelle, wo es keine Leitplanken gab, keine Böschung, weit und breit keine Bäume. Weil wir im Wagen hinten ein Kinderbettchen, eine Wickelkommode und eine Matratze transportierten, war die Knautschzone sehr stabil. In unserem Auto flogen wir direkt auf einen frisch umgegrabenen Kartoffelacker, die Erde war weich und fluffig, wir überschlugen uns mehrfach, was erst mal schlecht klingt, für die Insassen jedoch gut ist, weil es das Verletzungs- oder Tötungsrisiko minimiert, solange sie angeschnallt sind und der Wagen von allein zum Stehen kommt und nicht gegen einen Baum oder ein anderes Hindernis prallt. Und damit nicht genug: Direkt hinter uns fuhren vier Medizinstudenten, zwei davon waren ausgebildete Rettungssanitäter, die gleich die notwendigen Erste-Hilfe-Maßnahmen einleiteten und denen wir bis heute unendlich dankbar sind.

Ein paar Wochen später kam unser Sohn gesund und pünktlich zur Welt. Die Ärzte erklärten, dass meine Frau instinktiv während des Unfalls eine Körperhaltung einnahm, die ihren Bauch und damit den Fötus maximal schützte. Allerdings trug sie Beinverletzungen davon, die die weitere Lebensplanung erst mal umwarfen. An ein zweites Kind nach zwei Jahren, wie wir es uns vorgestellt hatten, war wegen der notwendigen Nachoperationen nicht zu denken. Bis heute haben wir die Hoffnung nicht ganz aufgegeben, uns noch zu vergrößern, auch wenn wir wissen, dass die Chance, mit vierzig und fünfundvierzig noch mal ein Kind zu bekommen, nicht mehr sehr groß ist.

Es gibt keine Untersuchungen, ob Eltern heute mehr darunter leiden als früher, wenn sich die erhoffte Familienplanung nicht realisieren lässt. Heute wird jedoch ein Thema daraus gemacht. Auf der einen Seite ist es gut, wenn die Öffentlichkeit immer mehr darüber aufgeklärt wird, wie falsch die gesellschaftlichen Vorurteile Einzelkindern gegenüber sind. Noch in den Neunzigerjahren ermittelten die Soziologinnen Andrejs Urdze und Maria Rerrich, dass Eltern, die mit einem Kind eigentlich zufrieden sind, ein weiteres bekommen, damit dem Stammhalter nur nichts Entscheidendes fehle: »Die negative Bewertung der Einzelkindsituation ist der häufigste Grund für ein weiteres Kind.«[72] Interessanterweise gibt es Untersuchungen, dass Eltern, die sich bewusst für nur ein Kind entschieden haben, kein schlechtes Gewissen verspüren, einer gesellschaftlichen Norm nicht zu entsprechen – Eltern, die vergeblich auf mehr Kinder warten, dagegen schon.

Auf der anderen Seite sorgt die immer wiederkehrende Diskussion über Wohl und Wehe von Einzelkindern dafür, dass Eltern bewertet werden und sich rechtfertigen müssen. Und, dieser Aspekt wird regelmäßig ganz vergessen, dass Menschen, die Einzelkinder sind oder waren, in den Medien lesen müssen, sie seien irgendwie sonderbar und ihre Existenz problembeladen.

Immerhin besteht die Chance, dass sich das Einzelkinder-Klima in der Gesellschaft allmählich wandelt, weil die Zahl der Einzelkinder zunimmt. Das wird zwangsläufig dazu führen, dass Einzelkinder nicht mehr mit ihrem Ruf zu kämpfen haben werden. Vor allem in den Städten steigt die Zahl der Familien mit nur einem Kind stark, was auch damit zusammenhängt, dass der Wohnraum dort knapper und teurer ist als auf dem Land und dass in der Stadt öfter beide Elternteile berufstätig sind und die Vereinbarkeit von Familie und Beruf den Betroffenen einiges abverlangt.

Um aufs Thema zurückzukommen: Das Klischee besagt, dass Kinder von Helikopter-Eltern Einzelkinder sein müssen, weil es ihren um sie herum hubschraubernden Eltern nur so möglich ist, jedes Detail im Leben des Nachwuchses zu überwachen und zu optimieren – wer zwei Kinder hat, muss seine Aufmerksamkeit zwangsläufig teilen. Aber selbst wenn sich ein Elternpaar aus genau diesem Grund dafür entscheidet, keine weiteren Kinder zu bekommen, so ist das noch lange kein Beweis dafür, dass sie schlechte Eltern sind. Ganz im Gegenteil: In meinen Augen sind es Eltern, die in ihre Familienplanung ihr erstes Kind ganz bewusst miteinbeziehen, indem sie sich Gedanken um dessen Wohl machen und sich fragen, ob ein Geschwisterchen ihm guttun würde oder eher nicht. Und wer könnte diese Frage besser beantworten als die beiden Menschen, die das Kind (und die eigenen Kräfte) am besten kennen?

Ich habe es an vielen Stellen in diesem Buch ja schon angesprochen: Am besten, man kümmert sich nicht um das Gerede von außen, sondern verlässt sich auf seine innere Stimme. Denn:

> Es ist egal, wie viele Kinder man hat, Hauptsache man schafft es, jedem Kind so viel Liebe wie möglich zu geben.

11. Finale:

Warum wir endlich in der Lage sind, unsere Kinder bedingungslos zu lieben

Eltern im Jahr 2019 sind wirklich gut. Wir wuppen das immer globalisiertere, immer digitalisiertere und immer anspruchsvoller werdende Berufsleben, wir nehmen uns für unsere Kinder mehr Zeit als alle anderen Elterngenerationen vor uns, und für viele beginnt überdies die Zeit, in der die eigenen Eltern in ein Alter kommen, in dem sie unsere Unterstützung brauchen. Eigentlich müssten wir also in der Zeitung lesen, wie vorbildlich Eltern heute sind; in den sozialen Medien müssten wir mit Likes und Thumbs-up überschüttet werden, und wenn es Expertenrunden zu Erziehungsthemen im Fernsehen gibt, dann sollten eigentlich wir dort sitzen und nicht diejenigen, die uns mit ihrem Fachwissen über richtige Erziehung verunsichern.

Kinder leben heute sicherer, sind gesünder, gebildeter und werden viel aufmerksamer wahrgenommen als früher. Wir aber gehen abends zweifelnd ins Bett und überlegen, ob es richtig war, unseren Sohn in den Arm genommen zu haben, nachdem er aus Wut, weil er schlafen gehen sollte, Playmobil gegen die Kinderzimmertür geworfen hat. Die ewigen Fragen: Hätten wir ihn bestrafen müssen? Lassen wir uns zu viel gefallen? Sind wir zu lieb?

Die Journalistin Evelyn Roll, die selbst die typische 68er-Karriere hinter sich hat und nach eigenem Bekunden mit einem eher distanzierten Verhältnis zu ihren Eltern lebte, schrieb 2014 in einem Essay in der Wochenendbeilage der *Süddeutschen Zeitung* über die für sie zunächst merkwürdige Entwicklung, dass Kinder heute bis ins Erwachsenenalter oft eine enge, konfliktfreie, freundschaftliche Beziehung zu ihren Eltern pflegten, und kam zu dem Schluss, dass das trotz aller gängigen Vorurteile doch viel besser sei, als sich in für beide Seiten traumatischen Konflikten von seinen Eltern abzunabeln, wie das früher üblich war. Und die *FAZ*-Redakteurin Leonie Feuerbach, 31, schrieb in einem Artikel zu dem Thema: »Alle (meine Freunde) haben ziemlich konfliktfreie Beziehungen zu ihren Eltern, diese sind wichtige Ansprechpartner. Eine Freundin erzählt, jetzt, wo sie sich von ihrem Freund getrennt habe, fahre sie seit Jahren mal wieder mit den Eltern in den Urlaub. Eine andere Freundin hat seit ihrem Erasmus-Jahr 2010 eine Fernbeziehung. Neulich wurde ihr klar, sie zieht auch deshalb nicht zu ihrem Freund, weil sie sich nicht so recht von ihrer Mutter trennen will. Enkelkinder ohne Oma? Das wäre ihr zu traurig. Und ein befreundetes Paar, Anfang dreißig, mit einem dreijährigen Sohn, hat neulich bei einer Autopanne erst mal den Vater beziehungsweise den Schwiegervater angerufen.« Zum Abschluss zieht Feuerbach noch den schönen Vergleich: »Eines der bekanntesten Lieder der enorm erfolgreichen Deutschpopband AnnenMayKantereit handelt von der guten Beziehung des Sängers zu seinem Vater. ›Du hast mich angezogen, ausgezogen, großgezogen.‹ Und ›Du bist zu Hause für immer und mich‹, singt der 25 Jahre alte Henning May. Rio Reiser hingegen sang noch vor 35 Jahren: ›Wenn ich nach Hause komme, sitzt da ein alter

Typ, der meint, er ist mein Vater‹ und ›Ich will nicht werden, was mein Alter ist‹.«[73]

Ich bin der festen Überzeugung, dass die allermeisten von uns gerade wegen der Fürsorge, der Behütung und der Nähe Kinder in die Welt entlassen, die zugleich empathisch und selbstbewusst sind, die wissen, dass man Nein sagen kann und sich trotzdem sozialverträglich entwickelt. Zusammenfasst: Menschen, die Vertrauen in sich und in das Leben haben. Weil sie von Anfang an vermittelt bekamen, welche Vorteile es hat, jemandem partnerschaftlich und auf Augenhöhe zu begegnen. Die andere ernst nehmen, weil sie von uns ernst genommen wurden. Egal ob sie nun drei, acht oder zwölf Jahre alt gewesen sind. Und die nie das Vertrauen verloren haben, weil wir sie nur zu bestimmten Konditionen liebten, sondern auch dann, wenn sie den größten Blödsinn verzapften. Die immer wissen: Mama und Papa sind nicht nur meine Eltern, sondern meine Freunde.

Die Erziehung vorangegangener Generationen war häufig gekennzeichnet von der elterlichen Furcht, aus dem Kind werde später einmal nichts werden. »Du landest irgendwann in der Gosse«, ist so eine typische Phrase, mit denen Eltern früher auf Renitenz und Widerspruch ihrer Kindern reagierten. Und sehr viele Eltern kannten neben dem Liebesentzug als Ultima Ratio nur noch den Rauswurf – Verständnis war etwas, das Kinder gefälligst ihren Eltern gegenüber aufzubringen hatten, nicht umgekehrt.

Unsere Werkzeuge der Erziehung sind hingegen Kommunikation auf Augenhöhe, zuhören statt strafen und das Infragestellen des Grundsatzes, Erziehung funktioniere nur in klaren Hierarchien, auch zum Preis, dass man es aushalten muss, wenn Kinder einem gegenüber hin und wieder respektlos und anmaßend auftreten. Diese Werkzeuge führen zu jenem engen Vertrauensverhältnis, das es so vielleicht noch nie zuvor zwischen Kindern und Eltern gab und mit dem die Gesellschaft erst einmal zurechtkommen muss. Wir haben heute keine Angst mehr vor unseren Kindern – wir haben heute nur noch Angst um unsere Kinder.

Die Frage, die sich die Gesellschaft im 21. Jahrhundert stellen sollte, lautet also nicht, ob wir mit unserer fürsorglichen Erziehung Schaden anrichten, sondern ob man seinem Kind überhaupt zu viel Liebe geben kann. Allein die Verunsicherung darüber offenbart den ganzen Missbrauch der Sprache, den so viele betreiben, wenn es um Erziehung geht; von der Fachliteratur über die ganzen Elternblogs bis zu den Printmedien, die wir täglich lesen. Was bitte schön heißt denn »ZU fürsorglich« oder »ÜBERbehüten«? Wo ist die Grenze? Wann tritt der vermeintliche Schaden ein bei Kindern, wenn man sie zu sehr liebt?

Natürlich hat die Wissenschaft Definitionen und sie gibt auch genaue Anleitungen, was zu tun ist. Aber sie kennt *mein* Kind nicht. Und sie kennt mich nicht. Sie weiß nichts über unsere gemeinsame Geschichte, sie hat nicht das Wissen, wie wir seit der Geburt miteinander umgehen, was wir von einander erwarten, was wir aneinander mögen und was nicht. Jedes Kind, jede Mutter und jeder Vater ist anders. Der Ratgeber weiß nichts über uns – ignorieren wir ihn also getrost.

Die Angst vor zu viel Fürsorge ist in Deutschland sehr ausgeprägt. Das fällt einem immer dann auf, wenn man nicht in Deutschland ist. Auf einer voll besetzten Fähre in

Griechenland hatte unser Sohn einmal einen atemberaubenden Wutanfall; es war in der Hochzeit seiner Trotzphase, wir waren also einigermaßen konditioniert, aber nie zuvor hatte er es geschafft, so ausdauernd am Stück zu heulen und zu schreien, und wir konnten nicht mal im Ansatz den Auslöser rekonstruieren. Irgendwann kam ein der Uniform nach hohes Besatzungsmitglied schnellen Schrittes auf uns zu, vielleicht war es sogar der Kapitän selbst. Wir machten uns darauf gefasst, das Schiff beim nächsten Anleger verlassen zu müssen, als sich der Mann besorgt erkundigte, ob es unserem Kind gut gehe, während er unseren Kleinkrawallo anlächelte. Als der sich endlich beruhigt hatte, mussten wir vielen Mitreisenden versichern, dass alles bestens sei, und ein Eis bekam er auch noch geschenkt.

Dem möchte ich entgegenstellen, was wir auf der Rückreise in Deutschland erlebten. Noch bevor die Stewardess beim Boarding in München den Satz zu Ende sprechen konnte, dass Familien mit kleinen Kindern zuerst an Bord dürften, hatten sich die anderen Passagiere schon an uns vorbeigedrängt.

Der deutsche Komiker und Schauspieler Steffen Möller, der in Polen sehr populär ist, wurde in einer Talkshow über die Unterschiede von Deutschen und Polen gefragt, und antwortete, dass ihm der Kontrast immer besonders deutlich wird, wenn er sieht, wie viel Geduld polnische Eltern mit ihren Kindern haben, wenn die etwa auf der Straße einen typisch kindlichen Gefühlsausbruch ausleben. Dann werde geknuddelt und getröstet, als gäbe es kein Morgen.

Ist die Problematisierung von »zu viel Liebe«, »zu viel Fürsorge«, »zu viel Nähe« tatsächlich typisch deutsch oder hat man nur das Gefühl, dass hier eine gewisse gesellschaftliche Ungnädigkeit besteht, wenn es um das Eingestehen von Schwäche, ja überhaupt das Zulassen von Gefühlen geht? Oder direkter gefragt: Haben Deutsche ein Problem damit, Liebe zu zeigen?

Die Autorin und Journalistin Sabine Bode beschäftigt sich schon lange mit der Frage, inwiefern der Nationalsozialismus und die Kriegserfahrungen der Deutschen sich auf ihre Beziehungsfähigkeit ausgewirkt haben. In mehreren Büchern hat sie sich den einzelnen Generationen angenommen, begonnen bei jenen, die den Krieg als Kinder erlebten, über die Nachkriegsgeborenen bis hin zu den Enkeln der Kriegsgeneration, also meiner Generation. Und immer wieder kommt sie zu dem Schluss, dass das erlittene Trauma durch die Kriegserlebnisse und die nationalsozialistische Indoktrination, die in der Erziehung Werte wie Härte und Unbarmherzigkeit propagierte, dazu geführt haben, dass noch bis in die Siebzigerjahre hinein in vielen Eltern-Kind-Beziehungen eine Gefühlskälte vorherrschte. Sabine Bode berichtet in ihrem Buch *Die vergessene Generation. Die Kriegskinder brechen ihr Schweigen* von einer Begegnung mit einer Frau, die ihr nach einer Lesung anvertraute, dass sie ihre Kinder nicht lieben konnte und dass sie erst langsam erkenne, dass das eine Folge eigener Kriegerlebnisse ist.

»Als Traumatisierte habe sie keine Gefühlstiefe empfunden, sie sei ›wie betäubt‹ gewesen«, schreibt Sabine Bode weiter. Das Leiden der Kriegsgeneration speiste sich zum einen aus den unmittelbar erlebten Grausamkeiten auf den Schlachtfeldern Europas und den Bombennächten in Deutschland, zum anderen aber auch aus der im Kriegsverlauf immer stärker werdenden gesellschaftlichen Verrohung. Gleichzeitig, und das betrifft uns Deutsche in beispiellosem Maße, wurde alles durch das kollektive Gefühl von großer Schuld verstärkt. Schweigen, Verdrängen, sich selbst mit Härte zu begegnen waren die gängigen Mittel, um nach dem Krieg zurück in den Alltag zu finden; *Überlebens*mittel müsste man eigentlich sagen.

Mein Großvater mütterlicherseits hatte eine sehr liebenswerte Seite, ich erinnere mich jedoch genauso, wie hart er werden konnte, wenn er mich als Kind weinen sah oder mit einem Kuscheltier im Arm, denn: »Jungs spielen nicht mit Puppen!«

Meine Großmutter väterlicherseits, die, wie erwähnt, kurz vor Kriegsende aus Breslau nach Hamburg floh, erzählte nie etwas aus dieser Zeit. Bei Gewittern und an Silvester schloss sie sämtliche Fensterläden und stand Ängste aus, die wir Kinder gar nicht einordnen konnten.

In der Rückschau gelten die Fünfzigerjahre besonders Kindern gegenüber als kalte und brutale Zeit. Meine Eltern haben das noch zu spüren bekommen, vor allem die vermeintliche Tugend, hart zu sich selbst zu sein, kommt bis heute bei ihnen durch. Sie sind wesentlich früher erwachsen geworden als mein Bruder und ich, sie haben früh die elterliche Bindung verlassen, wurden bereits Anfang zwanzig Eltern und hatten wesentlich weniger Bestätigung und Unterstützung, als sie meinem Bruder und mir gegeben haben. Aber sie vertreten manchmal auch Erziehungsansichten, die ich nicht teile, weil ich das Gefühl habe, sie stammen aus einer anderen Zeit. Das will ich erklären.

Das Unvermögen großer Teile der deutschen Vorkriegs- und Kriegsgeneration, über die eigenen Gefühle zu sprechen, haben die beiden Ärzte und Psychoanalytiker Margarete und Alexander Mitscherlich mit ihrem Buch *Die Unfähigkeit zu trauern* 1967 in die Öffentlichkeit getragen. Das Autoren-Ehepaar fragte damals als Erste überhaupt, warum zwanzig

Jahre nach Kriegsende noch immer eine Aufarbeitung des Geschehenen in weiten Teilen der Bevölkerung ausgeblieben war und womit die fast kollektive Verweigerung zusammenhing, sich in das Leid der ermordeten jüdischen Mitbürger einzufühlen. Ihre Thesen trafen einen Nerv, es war die Zeit der beginnenden Studentenunruhen, in der sich die Generationenkonflikte gewalttätig Raum brachen, weil die Nachkriegsgeneration in ein Alter kam, in dem sie von ihren Eltern Rechenschaft einforderten. Wart ihr Nazis? Warum habt ihr mitgemacht?

Die 68er, also die Generation, die gegen ihre schweigenden Eltern aufbegehrte, setzte damit einen neuen Wertekanon in der Erziehung, der bis heute immer wieder in Erziehungsratgebern und Expertenrunden durchschimmert und der dringend an die heutige Zeit angepasst werden müsste: die Vorstellung, dass Kinder lernen müssen, sich von ihren Eltern abzugrenzen.

Ich habe dieses Buch begonnen mit dem Kommentar der Konrad-Adenauer-Stiftung über das seit etwa den Neunzigerjahren statistisch messbare, viel engere Verhältnis von Eltern und ihren Kindern, das die Verfasser als Risiko für eine gesunde Entwicklung hin zum eigenständigen Erwachsenen ansehen. Hier kommt eine Vorstellung zum Tragen, die auf die Zeit des Generationenkonflikts Ende der Sechzigerjahre zurückgeht. Die Konflikte brachen aus, weil verschiedene Werte und Weltanschauungen aufeinanderprallten; zusätzlich war das Eltern-Kind-Verhältnis oft eben nicht gekennzeichnet von Liebe und Vertrauen, wie das heute der Fall ist. Es wollen mir die Expertenmeinungen nicht einleuchten, die auch im 21. Jahrhundert noch sagen: Kinder und Eltern dürfen nicht

Partner sein. Das Kind braucht Hierarchien, klare Anweisungen, darf nicht wie ein Erwachsener zurate gezogen werden, weil die Eltern andernfalls keine Autorität mehr haben und die Kinder machen, was sie wollen. Der Facharzt für Kinderpsychologie Michael Winterhoff hat das in seinem Buch *Warum unsere Kinder Tyrannen werden. Oder: Die Abschaffung der Kindheit* ausführlich dargelegt. Ganz abgesehen davon, dass der Titel ein weiteres Beispiel für den Missbrauch von Sprache ist, den ich angesprochen habe, komme ich erneut zu dem Schluss, dass es sich bei den Eltern der angesprochenen »Tyrannen« um extreme Ausnahmen handelt, die sich von ihren Vierjährigen wahrscheinlich sogar die Tapetenfarbe bestimmen lassen würden. Solche Bücher, so fachlich fundiert sie auch sein mögen, sorgen dann allerdings nicht nur für einen Wirbel in den Medien, nein, die Vorwürfe verselbstständigen sich und werden pauschalisiert auf alle Eltern übertragen, die im Verdacht stehen, ihrem Kind nicht immer deutlich zu machen, wer hier der Papa (oder die Mama) ist.

Im Jahr 2015 wurde ein weiterer Vorwurf laut: Heutige Eltern würden ihre Kinder viel zu oft loben. Das sei vor allem schädlich, wenn das Lob gar nicht gerechtfertigt sei, also wenn selbst untalentiertes Kindergekrakel als große Kunst bezeichnet werde. Der *Spiegel* schrieb dazu: »Kinder, die man anbetet, halten sich irgendwann für Götter.«[74] Hinter dieser Aussage steckt die Angst, wir erzögen unsere Kinder zu vielen kleinen Egoisten, sie würden immer unsozialer, die Gesellschaft könne auseinanderdriften, die Volkssolidarität wäre am Ende. Die *Huffington Post* ließ eine Erziehungsexpertin unter der Überschrift »7 Erziehungsfehler, die zu Tyrannen und Arschlochkindern führen«[75] Erste Hilfe leisten.

Ich selbst finde diese »Arschlochkinder« nirgends, aber sie stehen jetzt im Raum – mal ganz davon abgesehen, dass jedes Kind eine egoistische Phase in seiner Entwicklung durchläuft. Und vielleicht wäre dem *Spiegel* ja auch mal die Tochter einer Freundin eine Zeile wert, die zum Leidwesen ihrer Mutter mit Inbrunst ihren ganzen Besitz verschenkt – vom Flummi bis zum Fahrrad. Warum lesen wir nie Artikel darüber, wie Liebe und Fürsorge unsere Kinder zu sozialen Persönlichkeiten heranwachsen lassen? Übrigens fühlt sich unser Sohn nicht gleich als Picasso, nur weil meine Frau und ich auch die Bilder von ihm aufhängen, deren Aussage wir nicht gleich verstehen. Wo sind sie denn, die Egoisten, die wir angeblich herangezogen haben?

Der *Spiegel-Online*-Kolumnist Jan Fleischhauer weiß es und fürchtet in einem Text aus dem Frühjahr 2018 gleich um den Wirtschaftsstandort Deutschland: »Tatsächlich wurde keiner Generation so viel Aufmerksamkeit geschenkt wie jener der heute 25- bis 30-Jährigen. In den Personalabteilungen raufen sie sich die Haare, weil die erste Frage, die Berufsanfänger stellen, die nach der Work-Life-Balance ist.«[76]

Ich kann Herrn Fleischhauer nur zurufen, wie glücklich ich wäre, wenn mein Sohn später beim Einstellungsgespräch genau diese Frage stellt. Weil er im Gegensatz zu mir dann schon weiß, was wirklich wichtig im Leben ist. Und Glück, lieber Herr Fleischhauer, ist nicht eine Sechzig-Stunden-Woche in einer Berufswelt, die Berufseinsteigern ihr Engagement heute in der Regel mit Ein-Jahres-Verträgen, Probepraktika und schlechter Bezahlung dankt. Wo ganze Branchen durch den kollektiv herrschenden Egoismus der Unternehmen (der schon zum Tagesgeschäft gehörte, als heutige Berufsanfänger noch gar nicht geboren waren) Kunden mit getürkter

Autotechnik betrügen, wo Bankangestellte ihnen die falsche Altersvorsorge aufs Auge drücken, weil sie dafür Boni kriegen, oder wo Menschen gerade so lange Arbeit haben, bis ihnen das Unternehmen winkewinke macht und dank Subventionen auf Nimmerwiedersehen in eine andere Region zieht.

Wenn ich als Journalist in der Redaktion mit jungen Praktikanten zu tun habe, dann bin ich oft baff, was für ein Selbstvertrauen, aber auch was für ein ausgezeichnetes Sozialverhalten die Zwanzigjährigen heute mitbringen. Manchmal geht mir deren Höflichkeit fast schon auf den Geist. Und schließlich bekomme ich ein schlechtes Gewissen, wenn ich höre, dass sie nach dem Abitur erst mal ein Freiwilliges Soziales Jahr absolviert haben und sich nun nach Feierabend noch um Geflüchtete kümmern. Und das möchte ich hier allen Erziehungsexperten noch einmal schriftlich geben, die vor Egoisten und Arschlöchern warnen: Ausnahmslos alle haben ein sehr gutes Verhältnis zu ihren Eltern und sich ohne Abgrenzungsprozess zu fähigen Menschen entwickelt.

Für die allermeisten Eltern braucht es keine Ratschläge, sondern nur das wiedergefundene Vertrauen in sich selbst, dass man, so lange man sein Kind liebt, nichts grundlegend falsch macht. Würde ich mich daran messen, was der erziehungswissenschaftliche Kanon empfiehlt, dann müsste ich meinen Sohn zu einem verwöhnten, unselbstständigen Egomonster gemacht haben, das seinen Eltern den Alltag zu Hölle macht. Es ist aber gerade nicht so. Er hält sich an Regeln und Absprachen, er spürt sofort, wenn man sich mal nicht fühlt, und bringt dann ungefragt eine Flasche Mineralwasser ans Bett (das hat er sich bei uns abgeschaut), und er ist sehr wohl in der Lage sich abzugrenzen. Wenn er etwa einen Freund zu Besuch hat und ich einen Blick ins Zimmer werfe, um zu sehen, wie es den beiden geht, dann lässt er mich deutlich wissen: »Papa, du musst nicht immer nach dem Rechten schauen.«

Meine Frau und ich haben mittlerweile nur noch drei Erziehungsgrundsätze: 1. Immer konsequent sein. »Nein« wird nicht inflationär benutzt, heißt dann aber eben nein, und das funktioniert in dieser Klarheit ohne Streitereien. 2. Wir geben unserem Sohn so viel Zeit und Aufmerksamkeit, wie er einfordert – mehr aber auch nicht. Solange er sich abends, wenn ich nach Hause komme, freut wie ein Schnitzel, weil er weiß, dass wir noch zusammen Playmobil spielen, dann denke ich nicht, dass er überbehütet ist. 3. Auch wenn meine Frau und ich (zugegeben, vor allem ich) manchmal große Angst um ihn haben (Fahrrad, schwimmen, allein die Treppe runtergehen), so lassen wir die Angst innerlich zu, zeigen sie ihm jedoch nicht, weil wir selbst feststellten, dass unser Sohn gerade dann vom Rad fällt, wenn man »Vorsicht!« kreischt. Das gilt aber nur für unseren Sohn und kann bei anderen Kindern ganz anders sein.

Heute Morgen zeigte mir mein Sohn ganz stolz einen Wald in seinem Zimmer, den er aus Zweigen, Eicheln und Kastanien gebaut hatte. Für einen Moment, wirklich nur für einen klitzekleinen Moment, überlegte ich, auf welcher Euphorieskala ich sein Werk kommentieren sollte, damit er später kein egozentrischer Eigenbrötler wird. Dann sagte ich einfach: »So einen tollen Wald habe ich noch nie gesehen.« Und er war glücklich.

Eltern, die ihr Kind lieben und es diese Liebe jeden Tag spüren lassen, machen alles richtig.

Literaturnachweis

1 https://www.kas.de/c/document_library/get_file?uuid=b5365a7e-acc6-f074-314d-49526eef83d2&groupId=252038

2 https://www.zeit.de/gesellschaft/familie/2013-07/kinder-misshandlung-statistik-jugendaemter

3 http://www.spiegel.de/lebenundlernen/job/studie-eltern-verbringen-mehr-zeit-mit-ihren-kindern-a-1129864.html

4 https://www.bmfsfj.de/blob/121226/0509c2c7fc392aa88766bdfaeaf9d39b/gutachten-zur-entwicklung-der-gewalt-in-deutschland-data.pdf

5 https://www.dvr.de/unfallstatistik/de/jahre/

6 https://www.demografie-portal.de/SharedDocs/Informieren/DE/ZahlenFakten/Lebenserwartung.html

7 https://www.nzz.ch/die_tyrannei_der_elternliebe-1.15007117

8 https://www.noz.de/deutschland-welt/gut-zu-wissen/artikel/486231/viele-menschen-mittleren-alters-wirken-junger-1

9 https://www.destatis.de/DE/ZahlenFakten/GesellschaftStaat/Bevoelkerung/Geburten/Tabellen/GeburtenMutteralter.html

10 http://www.bpb.de/nachschlagen/zahlen-und-fakten/soziale-situation-in-deutschland/61556/alter-der-muetter

11 https://www.bildderfrau.de/lust-liebe/partnerschaft/article206429101/Maennergefuehle.html

12 http://www.spiegel.de/spiegel/print/d-41443422.html

13 https://www.kindersicherheit.de/fachinformationen/unfallstatistiken.html

14 https://www.uni-due.de/~qpd402/alt/texte.ml/pdf/Unfallpraevention-im-Kindesalter-2004.pdf

15 https://www.kindergartenpaedagogik.de/1613.pdf

16 https://www.bertelsmann-stiftung.de/fileadmin/files/Projekte/17_Gesundheitsmonitor/Newsletter_Ueberversorgung_in_der_Schwangerschaft_20150727.pdf

17 https://www.stern.de/panorama/gesellschaft/erziehung-war-frueher-alles-besser----die-kindheit-schon-3218252.html

18 https://www.schulsport-nrw.de/fileadmin/user_upload/sicherheits_und_gesundheitsfoerderung/pdf/SI_8074.pdf, S. 10

19 https://www.ksta.de/koeln/spielplatztest/tuev-experte-im-interview--einen-spielplatz-ohne-maengel-gibt-es-nicht--30935244

20 https://www.schulsport-nrw.de/fileadmin/user_upload/sicherheits_und_gesundheitsfoerderung/pdf/SI_8074.pdf, S. 14f.

21 http://www.spiegel.de/einestages/einfuehrung-der-gurtpflicht-a-946925.html

22 https://www.kindersitzprofis.de/wissenswertes/kindersitzpflicht/

23 Childhood Self-Regulation as a Mechanism Through Which Early Overcontrolling Parenting Is Associated With Adjustment in Preadolescence, http://www.apa.org/pubs/journals/releases/dev-dev0000536.pdf

24 https://www.tagesspiegel.de/wissen/anthropologie-neandertaler-wurden-frueh-abgestillt/8241462.html

25 http://www.spiegel.de/lebenundlernen/schule/helikopter-eltern-wie-ueberbehuetung-den-kindern-schaden-kann-a-915507.html

26 https://www.zeit.de/2007/09/Nicht_kindgerecht
27 https://www.zeit.de/1961/26/soziale-sorge-unserer-zeit-muetterarbeit/seite-3
28 https://www.bpb.de/izpb/8047/familienpolitik-geschichte-und-leitbilder?p=all
29 https://www.zeit.de/1961/26/soziale-sorge-unserer-zeit-muetterarbeit/seite-4
30 http://www.lifecourse.com/media/articles/lib/2011/07092011.html
https://www.edutopia.org/generation-x-parents-relationships-guide
https://books.google.de/books?id=-dm_CQAAQBAJ&lpg=PT49&dq=Gregory%20marketing%20study%20least%20parented%20generation%20in%20U.S.%20history&hl=de&pg=PT49#v=onepage&q&f=false
31 Aus: Familienbilder im Wandel, Die veränderte Lebenswirklichkeit von Familien in Bildern und Zahlen von 1950 bis heute, Ausstellung der Arbeitsgemeinschaft der Familienverbände in Niedersachsen, o. Datum. PDF-Download: alle_tafeln_050614-2.pdf. Erhebung nur Westdeutschland und aufgrund der Methodik nur eingeschränkt vergleichbar.
32 https://www.destatis.de/DE/PresseService/Presse/Pressekonferenzen/2018/Alleinerziehende/Pressebroschuere_alleinerziehende.pdf?__blob=publicationFile
33 https://www.edutopia.org/generation-x-parents-relationships-guide
34 https://www.faz.net/aktuell/gesellschaft/familie/kindererziehung-viele-eltern-benehmen-sich-wie-flugbegleiter-1607178.html

35 https://www.deutsche-diabetes-gesellschaft.de/presse/ddg-pressemeldungen/meldungen-detailansicht/article/kiggs-studie-ddg-fordert-gesundheitspolitische-massnahmen-gesunde-ernaehrung-darf-nicht-vom-soziale.html
36 https://www.zeit.de/2013/13/Ernaehrung-Gesundheit
37 https://www.sueddeutsche.de/wirtschaft/zucker-gesundheit-verbot-1.4186606
38 https://www.bundestag.de/blob/480534/0ae314792d88005c74a72378e3a42aec/wd-9-053-16-pdf-data.pdf
39 https://www.schulsport-nrw.de/fileadmin/user_upload/sicherheits_und_gesundheitsfoerderung/pdf/SI_8074.pdf
40 https://derstandard.at/2000066205703/Was-hinter-dem-Hype-um-Nahrungs-Unvertraeglichkeiten-steckt
41 https://www.tagesspiegel.de/wissen/medizin-narkose-fuer-neugeborene-eine-revolution/10210520.html
42 https://www.bundesaerztekammer.de/fileadmin/user_upload/downloads/pdf-Ordner/Statistik2017/Stat17AbbTab.pdf
43 https://de.statista.com/statistik/daten/studie/158849/umfrage/aerzte-nach-taetigkeitsbereichen-in-deutschland/
44 Quelle: Bundesärztekammer
45 https://www.noz.de/deutschland-welt/niedersachsen/artikel/907876/ueberlastung-kinderaerzte-weisen-kleine-patienten-ab
46 https://www.sueddeutsche.de/wissen/frage-der-woche-sind-allergien-eine-zivilisationskrankheit-1.589763
47 https://www.ecarf.org/info-portal/allgemeine-allergie-infos/allergien-zahlen-und-fakten/
48 https://www.stern.de/gesundheit/allergie/erkrankungen/allergie-bei-kindern-das-grosse-schnaufen-3360886.html

49 https://www.umweltbundesamt.de/themen/luft/daten-karten/entwicklung-der-luftqualitaet
50 https://www.augsburger-allgemeine.de/bayern/Wie-dicke-Luft-in-Innenstaedten-die-Pollenplage-verschaerft-id50874621.html
51 https://www.allergieinformationsdienst.de/immunsystem-und-allergie/risikofaktoren/tabakrauch.html
52 Quelle BMUG, 2016
53 https://www.kzbv.de/pressemitteilung-vom-23-9-2016.1082.de.html
54 https://www.dentalmagazin.de/praxiszahnmedizin/prophylaxe/empfehlungen-zur-optimalen-basisprophylaxe/
55 https://www.sueddeutsche.de/leben/die-muehen-der-erziehung-laaaaangweilig-1.2660964
56 https://www.zeit.de/2013/15/salman-ansari-fruehfoerderwahn-neugier
57 https://www.zeit.de/gesellschaft/schule/2017-10/bildung-ganztagsschule-schueler-bertelsmann-studie
58 http://www.spiegel.de/spiegel/print/d-46415593.html
59 Immer jünger – immer brutaler? Kriminalstatistische und kriminologische Befunde zur Entwicklung der Jugend- und Gewaltkriminalität in Deutschland, Konstanz 2012.
60 https://de.statista.com/statistik/daten/studie/6597/umfrage/vertragsbestand-der-haftpflichtversicherung-seit-1990/
61 https://www.faz.net/aktuell/gesellschaft/jedes-vierte-kind-in-deutschland-ist-ein-einzelkind-13810432.html
62 https://www.klett.de/sixcms/media.php/321/12-13.pdf
63 https://www.eltern.de/einzelkinder-sieben-vorurteile-und-die-wahrheit
64 http://www.spiegel.de/spiegel/print/d-13487774.html

65 https://www.zeit.de/zeit-wissen/2011/06/Psychologie-Einzelkinder
66 https://www.eltern.de/familie-und-urlaub/familienleben/einzelkind.html/page/2
67 https://www.welt.de/icon/article122635203/Wie-bitte-Sie-haben-nur-ein-Kind.html
68 http://www.sozialpolitik-aktuell.de/tl_files/sozialpolitik-aktuell/_Politikfelder/Bevoelkerung/Datensammlung/PDF-Dateien/abbVII1b.pdf
69 http://www.zukunft-mit-kindern.eu/node/159
70 https://www.ernaehrungs-umschau.de/news/25-01-2013-idefics-forschungsprojekt-kinder-ohne-geschwister-sind-haeufiger-uebergewichtig/
71 https://www.ernaehrungs-umschau.de/print-artikel/10-06-2015-idefics-studie-soziooekonomischer-status-der-eltern-beeinflusst-ernaehrungsverhalten-der-kinder/
72 http://www.spiegel.de/spiegel/print/d-13487774.html
73 https://www.faz.net/aktuell/gesellschaft/menschen/ueber-gute-beziehungen-zwischen-eltern-und-erwachsenen-kindern-14705264.html
74 http://www.spiegel.de/lebenundlernen/schule/narzissmus-wie-kinder-egoistisch-werden-a-1022601.html
75 https://www.huffingtonpost.de/entry/7-erziehungsfehler-die-zu-tyrannen-und-arschlochkindern-fuhren_de_5a7acc80e4b0d0ef3c0aee44
76 http://www.spiegel.de/politik/deutschland/diskriminierung-der-jugend-jung-erfolgreich-diskriminiert-kolumne-a-1190880.html

Alle URLs wurden zuletzt am 18.01.2019 abgerufen.

Impressum

Jan Abele
»Ich glaub, ich bin jetzt warm genug angezogen«
Warum wir (meistens) am besten wissen, was gut für unsere Kinder ist
ISBN: 978-3-95910-206-3

Eden Books
Ein Verlag der Edel Germany GmbH

www.edenbooks.de | www.facebook.com/EdenBooksBerlin | www.edel.com
1. Auflage 2019

Projektkoordination: Svenja Monert und Nina Schumacher
Lektorat: Friederike Haller
Umschlaggestaltung: Katja Vogt
Coverfoto: © Hugh Whitaker / Cultura / Getty Images
Illustration: designed by 3ab2ou – Freepik.com
Layout und Satz: Datagrafix GSP GmbH, Berlin | www.datagrafix.com
Druck und Bindung: optimal media GmbH, Glienholzweg 7, 17207 Röbel/ Müritz

Das FSC®-zertifizierte Papier *Holmen Book Cream* für dieses Buch lieferte Holmen Paper, Hallstavik, Schweden.

Alle in diesem Buch geschilderten Begebenheiten beruhen auf Eigenerlebtem. Aus Gründen des Persönlichkeitsschutzes wurden sämtliche Protagonisten mit Ausnahme des Autors und seiner Familie so verfremdet, dass keine Rückschlüsse auf tatsächlich existierende Personen möglich sind.

Printed in Germany.

Dieses Buch ist auch als E-Book erhältlich.

Um die kulturelle Vielfalt zu erhalten, gibt es in Deutschland und in Österreich die gesetzliche Buchpreisbindung. Für Sie, liebe Leserin und lieber Leser, bedeutet das, dass Ihr verlagsneues Buch jeweils überall dasselbe kostet, egal, ob Sie Ihre Bücher gern im Internet, in einer großen Buchhandlung oder beim kleinen Buchhändler um die Ecke kaufen.